# 바로 듣는 한국어 4

## Get It Korean Listening

이정희 | 김중섭 | 조현용 | 오수진 | 서윤남 | 천민지

Hawoo Publishing Inc.

# 머리말

최근 한국어교육에서 가장 눈에 띄는 변화는 한국어 학습 수요 계층의 다양화라고 할 수 있습니다. 이러한 변화에 따라 다양한 학습자의 학습 목적과 요구에 따른 교재 개발이 필요하다고 생각하였고 학습자의 요구에 따라 언어 기능을 선택-집중하게 함으로써 학습자의 내적 동기를 강화하고 나아가 자기 주도적인 학습을 가능하게 하는 것을 목표로 이 교재를 개발하였습니다.

한국어교육 현장에서 가장 널리 쓰이고 있는 기능(skills) 통합형 교재는 '말하기, 듣기, 읽기, 쓰기' 기능을 통합적으로 제시함으로써 효율적인 교수-학습을 유도하고 나아가 균형적이고 종합적인 언어 능력 발달을 이루는 것을 목표로 하고 있습니다. 그러나 실제 현장에서는 말하기와 듣기와 같은 구어 의사소통 능력을 지나치게 강조함으로써 읽기나 쓰기에는 충분한 시간을 할애하지 못하거나 읽기나 쓰기 기능은 말하기, 듣기 기능의 보조적인 기능으로서 인식되어 온 것이 사실입니다.

한국어 기능 분리형 교재는 네 가지 언어 기능을 독립적으로 제시하여 학습자가 해당 언어 기능에 초점을 두고 언어가 사용되는 실제 환경에 몰입하여 해당 기능을 분명하게 이해하고 표현하는 데에 도움을 줄 것입니다. 또한 학습자의 학습 목적과 요구에 따라 언어 기능을 선택하고 집중하게 함으로써 좀 더 효과적인 한국어 학습을 가능하게 할 것입니다. 교수자의 측면에서는 그간 통합 교재에서 소홀히 여겨진 각각의 언어 기능에 대한 전문화된 교수 능력을 제고하게 될 것이며 나아가 기능별 언어 교육 전문가를 양성함으로써 국내외 한국어 교육의 새로운 전환점이 될 것으로 기대합니다.

초급 단계에서의 한국어 기능 분리 교재는 처음 시도되는 바, 부족하거나 목표한 바를 충분히 담아 내지 못한 경우도 있을 것입니다. 언어 기능 분리를 시도하였으나 각 기능 간 유기적인 연계를 확보하기 위해 노력하였고 난이도, 빈도 등을 고려하여 문법과 어휘를 배열하였습니다. 특히 국립국어원에서 발간한 『국제통용 한국어 교육 표준 모형』에 기반하여 언어의 요소와 의미·기능을 배치하여 한국어 교육의 표준적인 내용을 담아내고자 하였습니다. 또한 기능(functions)과 주제가 단순히 나열되는 것이 아니라 순환되는 구조를 가지되 중복을 피하고자 노력하였습니다. 그리고 학습자의 학습에 대한 동기와 흥미가 유지될 수 있도록 사진, 삽화 등을 배열하는 데에도 각별히 신경을 썼습니다.

총 30권의 책을 만들어낸 집필진들의 노력이 학습자와 교수자 모두에게 실질적인 도움이 되기를 바랍니다.

교재 집필진 일동

# 일러두기

이 책은 언어 기능(skills) 분리형 교재 중 '듣기' 4단계 교재이다. 중급 한국어를 학습하는 학습자에게 필요한 언어 주제, 기능(function), 표현을 맥락과 함께 제공하였다. 이를 통해 친숙한 사회적·추상적 소재와 함께 공적인 관계에서 이루어지는 일반적인 대화를 듣고 이해하는 것을 목표로 하였다.

본 교재는 친숙한 사회적·추상적 소재의 듣기를 이해할 수 있도록 단원의 구성을 이전 단계의 교재들과 달리 하였다. 듣기 교재의 단원은 '도입 ➡ 듣기(1, 2, 3) ➡ 발음 ➡ 활동 ➡ 생각해 봅시다'로 이루어져 있다. '듣기1'은 주제와 관련된 간단한 듣기, '듣기2'는 본 듣기인 '듣기3'과 관련된 간단한 듣기로 구성하였다. 본 듣기인 '듣기3'은 일상생활에서 접할 수 있는 대화는 물론 사회적 소재의 인터뷰, 뉴스, 강연, 토론 등을 다양하게 구성하여 학습자가 보다 다양한 듣기를 경험할 수 있도록 하였다. 또한 실제 듣기에서 경험할 수 있는 다양한 소음을 그대로 노출시켜 학습자의 듣기 능력을 향상시킬 수 있도록 하였다. 각 단원의 구성은 다음과 같다.

## 도입

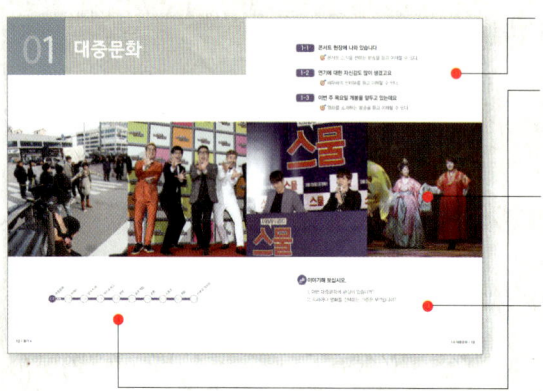

**학습 목표**
해당 단원의 주제와 기능 이해를 학습 목표로 기술함.

**단원 맵**
학습자가 성취감을 느낄 수 있도록 10개의 단원을 최종 목적지에 도착하기 위해 거쳐야 하는 역으로 이미지화하여 제시함.

**도입 사진**
해당 단원의 주제와 관계있는 사진을 통해 학습자의 배경지식을 활성화시키고 내용에 대한 예측을 유도함.

**도입 질문**
해당 단원의 주제와 관계있는 질문으로 구성하여 본문에서 듣게 될 내용과 관계된 배경 지식을 확인함.

## 듣기1, 듣기2

**준비 단계**
다양한 활동을 통해 주제와 관련된 어휘를 익힐 수 있도록 유도함.

**듣기**
들어야 하는 내용의 장르를 지시문에 명시적으로 제시하고 대화 참여자, 대화 상황 등을 사진으로 제공하여 들을 내용을 예측할 수 있도록 함.

**내용 확인**
학습자가 텍스트의 내용을 이해하고 핵심 내용을 간단하게 정리해 볼 수 있도록 표 완성하기, 메모하기 등으로 구성함.

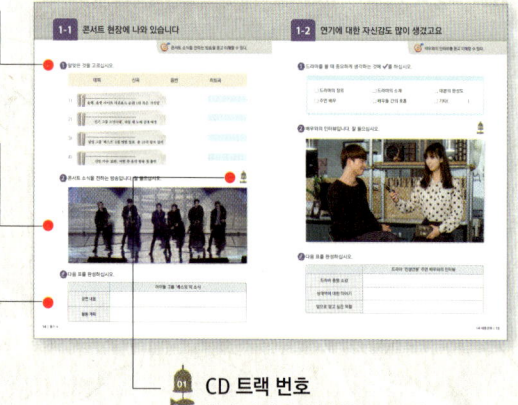

**CD 트랙 번호**
학습자가 들어야 할 CD 트랙 번호를 표시해 스스로 듣기 연습을 할 수 있도록 함.

### 듣기 3

**준비 단계 1**
간단한 듣기 활동을 통해 주제와 관련된 핵심 어휘를 익힐 수 있도록 함.

**준비 단계 2**
간단한 듣기 활동을 통해 들을 내용의 다양한 어휘를 확인할 수 있도록 함.

**듣기**
들어야 하는 내용과 관련된 사진을 제공하여 듣기의 장르나 맥락, 내용을 예측할 수 있도록 함.

**듣고 메모하기**
대화를 듣고 핵심 어휘, 표현, 문장 등을 메모할 수 있도록 함.

**듣고 따라하기**
제시된 단어를 참고하여 들은 문장을 구성하여 따라할 수 있도록 함.

해당 단원의 목표를 달성하기 위해 필요한 지침을 교사에게 명시적으로 제시함.

### 발음 · 활동

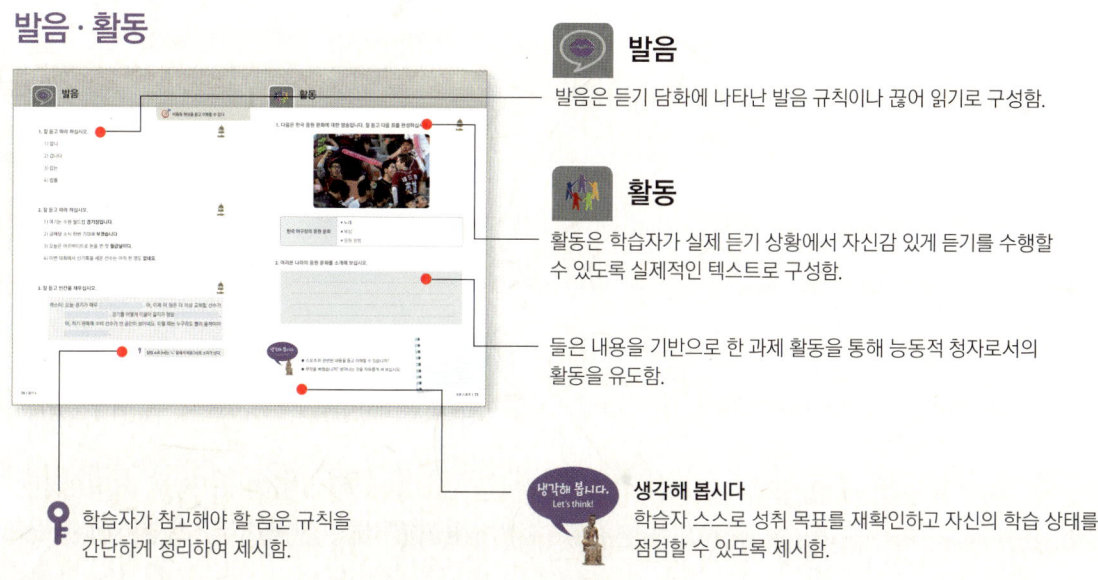

**발음**
발음은 듣기 담화에 나타난 발음 규칙이나 끊어 읽기로 구성함.

**활동**
활동은 학습자가 실제 듣기 상황에서 자신감 있게 듣기를 수행할 수 있도록 실제적인 텍스트로 구성함.

들은 내용을 기반으로 한 과제 활동을 통해 능동적 청자로서의 활동을 유도함.

학습자가 참고해야 할 음운 규칙을 간단하게 정리하여 제시함.

**생각해 봅시다**
학습자 스스로 성취 목표를 재확인하고 자신의 학습 상태를 점검할 수 있도록 제시함.

### 부록

부록은 〈모범 답안〉, 〈듣기 지문〉, 〈어휘 색인〉, 〈표현 색인〉으로 구성하였다. 〈모범 답안〉을 제시하여 학습자의 자습을 용이하게 하였다. 〈듣기 지문〉에서는 본문에 나온 대화들을 듣고 따라하고 확인할 수 있도록 하였다. 〈어휘 색인〉과 〈표현 색인〉에는 본문에 출현한 어휘와 표현을 가나다순으로 제시하여 학습자가 어휘와 표현을 쉽고 편리하게 찾아 익힐 수 있도록 하였다.

# 교재 구성표

| 단원 | 단원명 | |
|---|---|---|
| 1 | 대중문화 | 콘서트 현장에 나와 있습니다 |
| | | 연기에 대한 자신감도 많이 생겼고요 |
| | | 이번 주 목요일 개봉을 앞두고 있는데요 |
| 2 | 이야기 | 아주 먼 옛날 마음씨 착한 나무꾼이 살고 있었어요 |
| | | '개구리가 울면 비가 온다'는 말이 있습니다 |
| | | 지금도 비가 오는 날이면 개굴개굴하고 웁니다 |
| 3 | 남녀 차이 | 원시 시대로 거슬러 올라가 원인을 찾아볼 수 있습니다 |
| | | 여자는 대화를 원하기 때문에 갈등이 생기곤 하는 것이랍니다 |
| | | 남녀의 대화 목적이 다르다는 게 무슨 말이야? |
| 4 | 사건과 사고 | 빈집털이 예방법을 소개해 드리겠습니다 |
| | | 길을 지나가던 사람이 크게 다쳤대 |
| | | 지난밤 사건·사고 소식, 강혜리 기자입니다 |
| 5 | 유행 | 최근 유행에 민감한 남성들이 증가하고 있습니다 |
| | | 이 디자인 하나하나에는 실용적인 요소가 담겨져 있습니다 |
| | | 올가을 유행을 선도하는 세련된 패션을 완성해 보세요 |
| 6 | 꿈과 직업 | 꿈을 이루기 위해 사업을 시작했습니다 |
| | | 제 마음속에서 변화가 생기기 시작하더라고요 |
| | | 주변의 반대 때문에 제 꿈을 포기할 수는 없었습니다 |
| 7 | 관광 | '의료 관광'이 새로운 관광 트렌드로 떠오르고 있는데요 |
| | | 왜 무영탑이라고 불리는지 아시나요? |
| | | 자, 그러면 이제 근정전 내부를 자세히 살펴볼까요? |
| 8 | 스포츠 | 올림픽에서 메달 소식, 한번 기대해 보겠습니다 |
| | | 오늘 경기 소감을 말씀해 주시죠 |
| | | 최근 김지훈 선수 활약이 대단해요 |
| 9 | 취업 | 자기 소개서를 쓸 때는 단어 하나도 신중하게 선택해야 돼요 |
| | | 공공 기관 채용 박람회가 열렸는데요 |
| | | 인성이 좋아야 회사 생활도 잘할 수 있을 테니까 |
| 10 | 인생과 가치관 | 인생에서 가장 중요한 것은 행복한 가정이라고 답했습니다 |
| | | 노후 준비를 위한 강연이 인기를 끌고 있습니다 |
| | | 자기 인생의 버킷 리스트를 가지게 됐으면 좋겠습니다 |

| 과제 | 발음 | 어휘 및 표현 | 활동 |
|---|---|---|---|
| 콘서트 소식을 전하는 방송을 듣고 이해하기<br>배우와의 인터뷰를 듣고 이해하기<br>영화를 소개하는 방송을 듣고 이해하기 | 끊어 읽기 | 대중문화 관련<br>어휘 및 표현 | 영화 예고편 듣기 |
| 한국의 옛날이야기를 듣고 이해하기<br>날씨 관련 방송을 듣고 이해하기<br>효에 관한 옛날이야기를 듣고 이해하기 | 비음화 1 | 옛날이야기 관련<br>어휘 및 표현 | 옛날이야기 듣기 |
| 남녀의 시야 차이에 대한 방송을 듣고 이해하기<br>남녀의 대화 방식 차이에 대한 방송을 듣고 이해하기<br>남녀의 의사소통 방식 차이에 대한 대화를 듣고 이해하기 | 비음화 2 | 남녀 차이 관련<br>어휘 및 표현 | 여자 언어 번역 앱<br>개발에 대한 뉴스 듣기 |
| '빈집털이' 예방법에 대한 방송을 듣고 이해하기<br>'땅 꺼짐' 사고에 대한 대화를 듣고 이해하기<br>사건·사고 뉴스를 듣고 이해하기 | 경음화 1 | 사건·사고 관련<br>어휘 및 표현 | 화재 대피 방법 듣기 |
| 유행에 민감한 남성들에 대한 뉴스를 듣고 이해하기<br>의상 박물관 큐레이터의 설명을 듣고 이해하기<br>패션 관련 방송을 듣고 이해하기 | [ㅎ] 약화<br>현상 | 유행 관련<br>어휘 및 표현 | 남성들의 유행에 대한<br>뉴스 듣기 |
| 성공한 사업가에 대한 방송을 듣고 이해하기<br>여행가와의 인터뷰를 듣고 이해하기<br>꿈과 직업에 대한 강연을 듣고 이해하기 | 격음화 | 꿈과 직업 관련<br>어휘 및 표현 | 꿈에 대한 노래 듣기 |
| 의료 관광에 대한 뉴스를 듣고 이해하기<br>문화재의 배경 설화를 듣고 이해하기<br>문화재 안내를 듣고 이해하기 | 유음화 | 관광 관련<br>어휘 및 표현 | 관광지 안내원의<br>문화재 안내 듣기 |
| 스포츠 뉴스를 듣고 이해하기<br>운동선수와의 인터뷰를 듣고 이해하기<br>스포츠 중계를 듣고 이해하기 | 비음화 3 | 스포츠 관련<br>어휘 및 표현 | 한국 응원 문화에 대한<br>방송 듣기 |
| 취업 상담사와의 대화를 듣고 이해하기<br>채용 박람회에 대한 뉴스를 듣고 이해하기<br>취업 준비에 대한 대화를 듣고 이해하기 | 구개음화 | 취업 관련<br>어휘 및 표현 | 직장 생활 관련<br>설문 조사에 대한<br>뉴스 듣기 |
| 설문 조사 결과에 대한 뉴스를 듣고 이해하기<br>강연에 대한 인터뷰를 듣고 이해하기<br>인생관에 대한 강연을 듣고 이해하기 | 경음화 2 | 인생과 가치관 관련<br>어휘 및 표현 | 버킷 리스트<br>작성 방법 듣기 |

# 차례

머리말 ·········································································· 3
일러두기 ······································································ 4
교재 구성표 ································································ 6
등장인물 소개 ···························································· 10

## 1. 대중문화
1-1 콘서트 현장에 나와 있습니다 ···························· 14
1-2 연기에 대한 자신감도 많이 생겼고요 ················ 15
1-3 이번 주 목요일 개봉을 앞두고 있는데요 ············ 16

## 2. 이야기
2-1 아주 먼 옛날 마음씨 착한 나무꾼이 살고 있었어요 ·············· 22
2-2 '개구리가 울면 비가 온다'는 말이 있습니다 ······················ 23
2-3 지금도 비가 오는 날이면 개굴개굴하고 운답니다 ················ 24

## 3. 남녀 차이
3-1 원시 시대로 거슬러 올라가 원인을 찾아볼 수 있습니다 ············ 30
3-2 여자는 대화를 원하기 때문에 갈등이 생기곤 하는 것이랍니다 ······ 31
3-3 남녀의 대화 목적이 다르다는 게 무슨 말이야? ···················· 32

## 4. 사건과 사고
4-1 빈집털이 예방법을 소개해 드리겠습니다 ····················· 38
4-2 길을 지나가던 사람이 크게 다쳤대 ······························· 39
4-3 지난밤 사건·사고 소식, 강혜리 기자입니다 ················· 40

## 5. 유행
5-1 최근 유행에 민감한 남성들이 증가하고 있습니다 ················ 46
5-2 이 디자인 하나하나에는 실용적인 요소가 담겨져 있습니다 ········ 47
5-3 올가을 유행을 선도하는 세련된 패션을 완성해 보세요 ············ 48

## 6. 꿈과 직업

    6-1 꿈을 이루기 위해 사업을 시작했습니다 · · · · · · · · · · · · · · · · · · · · · 54
    6-2 제 마음속에서 변화가 생기기 시작하더라고요 · · · · · · · · · · · · · · · · 55
    6-3 주변의 반대 때문에 제 꿈을 포기할 수는 없었습니다 · · · · · · · · · · · · 56

## 7. 관광

    7-1 '의료 관광'이 새로운 관광 트렌드로 떠오르고 있는데요 · · · · · · · · · · 62
    7-2 왜 무영탑이라고 불리는지 아시나요? · · · · · · · · · · · · · · · · · · · · · · · · 63
    7-3 자, 그러면 이제 근정전 내부를 자세히 살펴볼까요? · · · · · · · · · · · · · · 64

## 8. 스포츠

    8-1 올림픽에서 메달 소식, 한번 기대해 보겠습니다 · · · · · · · · · · · · · · · · 70
    8-2 오늘 경기 소감을 말씀해 주시죠 · · · · · · · · · · · · · · · · · · · · · · · · · · · 71
    8-3 최근 김지훈 선수 활약이 대단해요 · · · · · · · · · · · · · · · · · · · · · · · · · 72

## 9. 취업

    9-1 자기 소개서를 쓸 때는 단어 하나도 신중하게 선택해야 돼요 · · · · · · · 78
    9-2 공공 기관 채용 박람회가 열렸는데요 · · · · · · · · · · · · · · · · · · · · · · · · · 79
    9-3 인성이 좋아야 회사 생활도 잘할 수 있을 테니까 · · · · · · · · · · · · · · · · 80

## 10. 인생과 가치관

    10-1 인생에서 가장 중요한 것은 행복한 가정이라고 답했습니다 · · · · · · · · 86
    10-2 노후 준비를 위한 강연이 인기를 끌고 있습니다 · · · · · · · · · · · · · · · · 87
    10-3 자기 인생의 버킷 리스트를 가지게 됐으면 좋겠습니다 · · · · · · · · · · · 88

## 부록

    모범 답안 · · · · · · · · · · · · · · · · · · · · · · · · · · · · · · · · · · · · · · · · · · · · · · 94
    듣기 지문 · · · · · · · · · · · · · · · · · · · · · · · · · · · · · · · · · · · · · · · · · · · · · · 103
    어휘 색인 · · · · · · · · · · · · · · · · · · · · · · · · · · · · · · · · · · · · · · · · · · · · · · 118
    표현 색인 · · · · · · · · · · · · · · · · · · · · · · · · · · · · · · · · · · · · · · · · · · · · · · 125

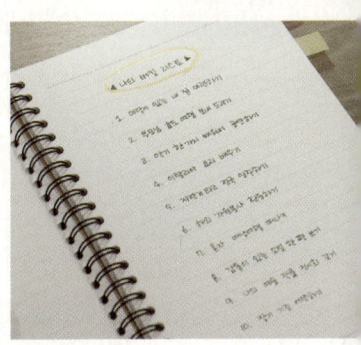

## 등장인물 소개

**빌리**
미국에서 온 학생.
한국어와 한국 문화에 관심이 많고 한국 친구들이 많음.

**리사**
일본에서 온 학생.
학교 근처 하숙집에 살고 있으며 성격이 좋아서 여러 나라 친구들과 잘 지냄.

**칼리드**
사우디아라비아에서 온 학생.
한국어 공부를 마치고 나서 공과 대학에 진학할 계획임.

**올가**
러시아에서 온 학생.
한국 남자 친구가 있어서 한국어를 열심히 공부하고 있음.

**다니엘**
프랑스에서 온 학생.
패션에 관심이 많아서 쇼핑을 좋아함.

**왕밍**
중국에서 온 학생.
한국의 전통문화에 관심이 많음.

**호세**
멕시코에서 온 학생.
스포츠에 관심이 많음.

**나타폰**
태국에서 온 학생.
한국 드라마를 좋아함.

**정유진**
리사의 한국인 친구.
경희대학교 학생이며 성격이 활달하고
여행을 좋아함.

**박지훈**
빌리의 한국어 도우미. 경희대학교
학생임.
빌리의 한국 생활과 한국어 공부 등을
도와주고 있음.

**이민호**
한국어 교사.
엄격한 편이지만 유머 감각이 있어
학생들이 좋아함.

**김수현**
한국어 교사.
친절하고 다정해서 학생들에게 인기가
많음.

**크리스**
호주에서 온 영어 교사.
활발하고 재미있는 성격이며 한국
문화에 관심이 많음.

**제시카**
회사원.
미국에서 왔고 리사와 같은 하숙집에
살며 여행을 좋아함.

**칸**
회사원.
인도에서 왔고 제시카와 같은 회사에서
일하며 등산이 취미임.

**최수지**
회사원.
칸과 제시카의 회사 동료로 유학 생활을
한 경험이 있어 외국인 친구가 많음.

# 01 대중문화

1과 대중문화 ▶▶▶ 2과 이야기 • 3과 남녀 차이 • 4과 사건과 사고 • 5과 유행 • 6과 꿈과 직업 • 7과 관광 • 8과 스포츠 • 9과 취업 • 10과 인생과 가치관

**1-1** 콘서트 현장에 나와 있습니다
🎯 콘서트 소식을 전하는 방송을 듣고 이해할 수 있다.

**1-2** 연기에 대한 자신감도 많이 생겼고요
🎯 배우와의 인터뷰를 듣고 이해할 수 있다.

**1-3** 이번 주 목요일 개봉을 앞두고 있는데요
🎯 영화를 소개하는 방송을 듣고 이해할 수 있다.

🎙️ 이야기해 보십시오.

1. 어떤 대중문화에 관심이 있습니까?
2. 드라마나 영화를 선택하는 기준은 무엇입니까?

# 1-1 콘서트 현장에 나와 있습니다

🎯 콘서트 소식을 전하는 방송을 듣고 이해할 수 있다.

**1** 알맞은 것을 고르십시오.

| 데뷔 | 신곡 | 음반 | 히트곡 |
|---|---|---|---|

1) 올해, 음원 사이트 다운로드 순위 1위 곡은 '거짓말'

2) 인기 그룹 '소년시대', 내일 새 노래 공개 예정

3) 남성 그룹 '베스트' 3집 앨범 발표, 총 10곡 담겨 있어

4) 신인 가수 '보라', 이번 주 음악 방송 첫 출연

**2** 콘서트 소식을 전하는 방송입니다. 잘 들으십시오.

✏️ 다음 표를 완성하십시오.

| 아이돌 그룹 '베스트'의 소식 | |
|---|---|
| 공연 내용 | |
| 활동 계획 | |

# 1-2 연기에 대한 자신감도 많이 생겼고요

 배우와의 인터뷰를 듣고 이해할 수 있다.

**1** 드라마를 볼 때 중요하게 생각하는 것에 ✔를 하십시오.

| | | |
|---|---|---|
| ☐ 드라마의 장르 | ☐ 드라마의 소재 | ☐ 대본의 완성도 |
| ☐ 주연 배우 | ☐ 배우들 간의 호흡 | ☐ 기타 (          ) |

**2** 배우와의 인터뷰입니다. 잘 들으십시오.

다음 표를 완성하십시오.

| | 드라마 '천생연분' 주연 배우와의 인터뷰 |
|---|---|
| 드라마 종영 소감 | |
| 상대역에 대한 이야기 | |
| 앞으로 맡고 싶은 역할 | |

1과 대중문화 | 15

## 1-3 이번 주 목요일 개봉을 앞두고 있는데요

🎯 영화를 소개하는 방송을 듣고 이해할 수 있다.

**1** 잘 듣고 빈칸을 채우십시오.

> 지난주 개봉한 한국 영화 '멋진 하루'는 _____으로 예상된다.

**2** 잘 듣고 알맞은 것을 고르십시오.

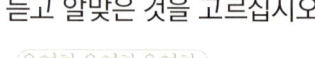

① 
- ✓ 제목: 클래식
- ✓ 장르: 멜로
- ✓ 평점: ★★★★★

② 
- ✓ 제목: 추격자
- ✓ 장르: 스릴러
- ✓ 평점: ★★★★★

③ 
- ✓ 제목: 왕이 된 남자, 광해
- ✓ 장르: 사극
- ✓ 평점: ★★★★★

**3** 영화를 소개하는 방송입니다. 잘 들으십시오.

## 4 잘 듣고 답하십시오.

1 들은 내용을 메모한 후 친구와 비교해 보십시오.

> 메모한 것을 이용하여 문장으로 말할 수 있도록 지도해 주세요.

2 다시 듣고 질문에 답하십시오.

1) 맞는 것에 ✔를 하십시오.
   1. 이 영화는 지난주에 개봉했다. ☐ 네  ☐ 아니요
   2. 이 영화는 제작비가 많이 들었다. ☐ 네  ☐ 아니요
   3. 이 영화는 시사회에서 관객들의 호평을 받았다. ☐ 네  ☐ 아니요

2) 이 영화의 내용과 다른 것을 고르십시오.
   1. 유나와 세훈은 사이가 좋지 않다.
   2. 세훈은 식당에서 유나와 같은 일을 하고 있다.
   3. 세훈의 꿈은 최고의 한식 요리사가 되는 것이다.
   4. 유나는 가정 형편 때문에 요리 학교에 다닐 수 없다.

3) 갑수는 유나와 세훈에게 어떤 제안을 했습니까?

## 5 듣고 따라 하십시오.

1) 그, 흥미진진하다, 감동적이다, 이야기, 드디어, 공개되다
2) 유나, 언젠가, 훌륭하다, 요리사, 되다, 믿다, 최선, 다하다
3) 지난주, 열리다, 시사회, 관객들, 높다, 평점, 받다

## 6 최근 여러분의 나라에서 흥행 중인 영화에 대해 이야기해 보십시오.

# 발음

 의미 단위로 끊어져 있는 문장을 듣고 이해할 수 있다.

**1. 잘 듣고 따라 하십시오.**

1) 오늘 콘서트에서 ∨ 신곡을 ∨ 공개한다고 하는데요.

2) 지난주에 개봉한 한국 영화 ∨ '멋진 하루'의 흥행이 ∨ 예상됩니다.

3) 많은 분들이 ∨ 우리 드라마를 사랑해 주셔서 ∨ 무척 기쁘고 행복합니다.

**2. 들은 것과 같은 것을 고르십시오.**

1) ❶ 앞으로 ∨ 멋진 활동 ∨ 기대하겠습니다.
   ❷ 앞으로 멋진 ∨ 활동 ∨ 기대하겠습니다.

2) ❶ 과연 ∨ 얼마나 흥행에 성공할지 ∨ 기대가 됩니다.
   ❷ 과연 얼마나 ∨ 흥행에 ∨ 성공할지 기대가 ∨ 됩니다.

3) ❶ 그러던 ∨ 어느 날 이 식당에 ∨ 또 ∨ 한 명의 ∨ 주인공 세훈이 ∨ 등장합니다.
   ❷ 그러던 어느 날 ∨ 이 식당에 ∨ 또 한 명의 주인공 ∨ 세훈이 등장합니다.

**3. 끊어 읽은 곳을 표시하십시오.**

1) 앞으로는 어떤 역할을 해 보고 싶으세요?

2) 영화가 재미있다는 입소문이 나서 관객 수가 꾸준히 증가하고 있습니다.

3) 이번 주말 영화관 나들이를 계획하셨다면 예매를 서두르셔야 할 것 같습니다.

 문장을 끊어서 말할 때는 의미 단위를 생각하여 끊어 말한다. 또한 문장의 의미를 명확하게 하거나 강조하기 위해서 끊어 말하기도 한다.

 # 활동

1. 다음은 영화 예고편입니다. 잘 듣고 알맞은 것을 찾아 번호(1-3)를 쓰십시오.

1)
   - ☑ 제목: 검은 집
   - ☑ 장르: 공포

2)
   - ☑ 제목: 봄날의 사랑
   - ☑ 장르: 멜로

3)
   - ☑ 제목: 슈퍼 액션 부부 2
   - ☑ 장르: 애니메이션

2. 한국 영화 한 편을 보고 그 영화에 대해 메모해 보십시오.

| 제목 | | 장르 | |
|---|---|---|---|
| 감독 | | 등급 | |
| 주연 배우 | | 내 평점 | ☆☆☆☆☆ |
| 줄거리 | | | |

- 대중문화에 관한 내용을 듣고 이해할 수 있습니까?
- 무엇을 배웠습니까? 생각나는 것을 자유롭게 써 보십시오.

1과 대중문화 | 19

# 02 이야기

해와 달이 된 오누이    젊어지는 샘물

**2-1** 아주 먼 옛날 마음씨 착한 나무꾼이 살고 있었어요
🎯 한국의 옛날이야기를 듣고 이해할 수 있다.

**2-2** '개구리가 울면 비가 온다'는 말이 있습니다
🎯 날씨 관련 방송을 듣고 이해할 수 있다.

**2-3** 지금도 비가 오는 날이면 개굴개굴하고 운답니다
🎯 효에 관한 옛날이야기를 듣고 이해할 수 있다.

여우와 두루미　　　신데렐라

🔊 **이야기해 보십시오.**

1. 여러분의 나라에는 어떤 옛날이야기가 있습니까?
2. 여러분이 알고 있는 한국의 옛날이야기는 무엇입니까?

## 2-1 아주 먼 옛날 마음씨 착한 나무꾼이 살고 있었어요

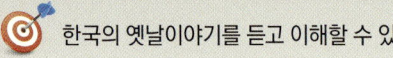 한국의 옛날이야기를 듣고 이해할 수 있다.

**1** 알맞은 것을 고르십시오.

| 베어서 | 막막해져서 | 빠뜨렸어요 | 미끄러졌어요 |

1) 공주님은 공놀이를 하다가 연못에 공을 _____.

2) 호랑이의 재채기 소리에 다람쥐는 깜짝 놀라 나무에서 _____.

3) 나무꾼은 도끼를 잃어버리고 살길이 _____ 그만 울고 말았어요.

4) 겨울이 되자 착한 형님은 매일 나무를 _____ 아픈 동생의 집에 가져다 주었어요.

**2** 착한 나무꾼 이야기입니다. 잘 들으십시오.

✎ 다음 표를 완성하십시오.

| 등장인물 | |
|---|---|
| 줄거리 | |

## 2-2 '개구리가 울면 비가 온다'는 말이 있습니다

🎯 날씨 관련 방송을 듣고 이해할 수 있다.

**1** 관계있는 것을 연결하십시오.

1)
거미가 줄을 친다

2)
개구리가 운다

3)
제비가 낮게 난다

❶ 날씨가 좋다    ❷ 비가 온다

**2** 날씨 관련 이야기에 대한 방송입니다. 잘 들으십시오.

✏️ 다음 표를 완성하십시오.

| 통계 내용 | |
|---|---|
| 개구리가 비가 오기 전에 우는 이유 | |

2과 이야기 | 23

## 2-3 지금도 비가 오는 날이면 개굴개굴하고 운답니다

효에 관한 옛날이야기를 듣고 이해할 수 있다.

**1** 잘 듣고 빈칸을 채우십시오.

아버지는 돌아가시기 전에 재산을 모두 어려운 이웃을 위해 나누어 주라는 _____

**2** 잘 듣고 빈칸에 쓰십시오.

1) 　2) 　3)

1) 아버지는 세 아들에게 유언을 남기고 _____.

2) 세 아들은 아버지께 효도하지 못한 자신들의 _____.

3) 막내아들은 앞으로 어떻게 살아야 할지 _____.

**3** 효에 관한 옛날이야기입니다. 잘 들으십시오.

**4** 잘 듣고 답하십시오.

1 들은 내용을 메모한 후 친구와 비교해 보십시오.

 메모한 것을 이용하여 문장으로 말할 수 있도록 지도해 주세요.

2 다시 듣고 질문에 답하십시오.

1) 맞는 것에 ✔를 하십시오.

❶ 아들 청개구리는 엄마 청개구리가 살아 있을 때 항상 엄마의 말과 반대로 행동했다.  ☐ 네  ☐ 아니요

❷ 엄마 청개구리는 아들을 믿지 못하고 유언을 거꾸로 했다.  ☐ 네  ☐ 아니요

❸ 아들 청개구리는 유언을 듣고 엄마 청개구리를 산에 묻었다.  ☐ 네  ☐ 아니요

2) 이 이야기의 교훈을 바르게 이해한 사람을 고르십시오.

❶ 빌리: 부모님의 유언을 꼭 들어 드려야겠다.
❷ 리샤: 평소에 부모님의 말씀을 잘 들어야겠다.
❸ 유진: 부모님이 아프실 때는 잘 간호해 드려야겠다.
❹ 지훈: 청개구리처럼 놀지만 말고 열심히 공부해야겠다.

3) 비가 오는 날 청개구리가 우는 이유가 무엇인지 쓰십시오.

**5** 듣고 따라 하십시오.

1) 아들 청개구리, 엄마 청개구리, 말, 하다, 무엇이다, 거꾸로, 하다, 말썽꾸러기이다
2) 아들 청개구리, 엄마 청개구리, 죽다, 자신, 잘못, 뉘우치다, 매우, 슬퍼하다
3) 지금, 비, 오다, 날, 청개구리, 냇가, 개굴개굴하다, 울다

**6** 여러분 나라에서 전해지는 효와 관련된 옛날이야기를 소개해 보십시오.

 # 발음

> 비음화 현상을 듣고 이해할 수 있다.

**1.** 잘 듣고 따라 하십시오.

  1) 냇물

  2) 콧날

  3) 제삿날

  4) 뱃놀이

**2.** 잘 듣고 보기 와 같이 발음이 달라지는 곳에 밑줄을 그으십시오.

> 보기  저는 <u>아랫마을</u>에 사는 나무꾼입니다.

  1) 여행 첫날부터 비가 내려서 너무 우울했다.

  2) 저녁 시간이 되면 어머니께서는 밥을 짓느라 바쁘셨다.

  3) 빗물이 떨어지는 소리가 노랫소리처럼 아름답게 들려요.

  4) 옛날 옛날 깊은 산속에 홀어머니와 오누이가 살고 있었습니다.

**3.** 잘 듣고 빈칸을 채우십시오.

  1) 아버지의 _____ 무척 쓸쓸해 보였다.

  2) _____ 오늘이 아름다운 추억이 되면 좋겠어요.

  3) _____ 발을 담그자 시원함이 머리끝까지 전해졌다.

> 🔑 받침 'ㅅ'이 'ㄴ, ㅁ'을 만나면 비음 [ㄴ]으로 소리가 난다.

 # 활동

1. 다음은 '해와 달이 된 오누이'라는 이야기의 일부입니다. 잘 듣고 일이 일어난 순서대로 번호(1-4)를 쓰십시오.

❶    ❷

❸    ❹

(          ➡          ➡          ➡          )

2. 위의 이야기 후에 오누이에게 어떤 일이 일어났을지 생각해 보십시오.

**생각해 봅시다.**
Let's think!

● 이야기를 듣고 이해할 수 있습니까?

● 무엇을 배웠습니까? 생각나는 것을 자유롭게 써 보십시오.

# 03 남녀 차이

**3-1** 원시 시대로 거슬러 올라가 원인을 찾아볼 수 있습니다
  🎯 남녀의 시야 차이에 대한 방송을 듣고 이해할 수 있다.

**3-2** 여자는 대화를 원하기 때문에 갈등이 생기곤 하는 것이랍니다
  🎯 남녀의 대화 방식 차이에 대한 방송을 듣고 이해할 수 있다.

**3-3** 남녀의 대화 목적이 다르다는 게 무슨 말이야?
  🎯 남녀의 의사소통 방식 차이에 대한 대화를 듣고 이해할 수 있다.

🔊 **이야기해 보십시오.**

1. 이성 친구와 다투는 주요 원인은 무엇입니까?
2. 남자와 여자는 어떤 점이 다르다고 생각합니까?

## 3-1 원시 시대로 거슬러 올라가 원인을 찾아볼 수 있습니다

> 남녀의 시야 차이에 대한 방송을 듣고 이해할 수 있다.

**1** 여러분은 어떤 성향의 사람인지 ✓를 해 보십시오.

① 목표를 정하면 끝까지 해내는 사람 ☐
② 모르는 길도 지도를 보고 잘 찾아가는 사람 ☐
③ 갑자기 문제가 생겼을 때 잘 침착하게 대처하는 사람 ☐
④ 일에 집중하면 다른 사람의 이야기를 잘 못 듣는 사람 ☐
⑤ 유행에 민감하고 세련된 패션 감각을 가지고 있는 사람 ☐

**2** 남녀의 시야 차이에 대한 방송입니다. 잘 들으십시오.

✎ 다음 표를 완성하십시오.

|  | 시야의 특징 |
|---|---|
| 남자 |  |
| 여자 |  |

## 3-2 여자는 대화를 원하기 때문에 갈등이 생기곤 하는 것이랍니다

🎯 남녀의 대화 방식 차이에 대한 방송을 듣고 이해할 수 있다.

**1** 다음 상황에서 어떻게 의사소통할지 생각해 보십시오.

| 눈빛 | 대화 | 몸짓 | 표정 |

1) 여행을 갔는데 말이 통하지 않을 때
2) 마음에 드는 이성에게 호감을 표시하고 싶을 때
3) 아주 조용한 장소에서 필요한 것을 말해야 할 때
4) 공공장소에서 모르는 사람이 불쾌한 행동을 했을 때

**2** 남녀의 대화 방식 차이에 대한 방송입니다. 잘 들으십시오.

✏️ 다음 표를 완성하십시오.

| 대화 방식 | • 여자:<br>• 남자: |
|---|---|
| 의사소통 어휘 수 | • 여자:<br>• 남자: |

## 3-3 남녀의 대화 목적이 다르다는 게 무슨 말이야?

🎯 남녀의 의사소통 방식 차이에 대한 대화를 듣고 이해할 수 있다.

**1** 잘 듣고 빈칸을 채우십시오.

> 남자와 여자가 대화를 할 때 자주 싸우게 되는 이유는 _____이 다르기 때문이다.

**2** 잘 듣고 관계있는 것에 ✔를 하십시오.

1) 감정을 이해해 주면 화가 풀린다.　　□ 👨　□ 👩
2) 상대방이 화가 났을 때 무조건 사과부터 한다.　□ 👨　□ 👩
3) 자신의 상황을 공감해 주면 마음이 풀린다.　□ 👨　□ 👩

**3** 남녀의 의사소통 방식 차이에 대한 대화입니다. 잘 들으십시오.

### 4 잘 듣고 답하십시오.

1 들은 내용을 메모한 후 친구와 비교해 보십시오.

> 메모한 것을 이용하여 문장으로 말할 수 있도록 지도해 주세요.

2 다시 듣고 질문에 답하십시오.

1) 맞는 것에 ✔를 하십시오.

❶ 남자는 여자 친구가 화를 낸 이유를 모른다.  ☐ 네   ☐ 아니요
❷ 여자는 대화할 때 맞장구가 필요하다고 생각한다.  ☐ 네   ☐ 아니요
❸ 남자는 오랫동안 친구들과 수다 떠는 것을 좋아한다.  ☐ 네   ☐ 아니요

2) 여자들이 "몸이 아픈데 일도 많아서 힘들어."라고 말하면서 기대하는 대답이 <u>아닌</u> 것을 고르십시오.

❶ 빨리 약 먹고 자.
❷ 요새 일이 많구나. 많이 힘들어?
❸ 정말? 아프면 안 되는데. 무리하지 마.
❹ 그래? 힘들어서 어떡해. 오늘은 푹 쉬어.

3) 대화를 할 때 남자들이 중요하게 생각하는 것은 무엇입니까?

### 5 듣고 따라 하십시오.

1) 지난번, TV, 보다, 남녀, 대화, 목적, 다르다
2) 남자, 대화하다, 정보, 전달하다, 중요하다, 생각하다, 여자, 공감하다, 중요하다, 생각하다
3) 나, 오히려, 여자, 왜, 그렇다, 오랫동안, 수다, 떨다, 그게, 이상하다

### 6 여러분이 생각하는 남녀의 의사소통 방식의 가장 큰 차이는 무엇인지 이야기해 보십시오.

 # 발음

> 비음화 현상을 듣고 이해할 수 있다.

**1.** 잘 듣고 따라 하십시오.

1) 금리

2) 등록

3) 염려

4) 정류장

**2.** 잘 듣고 보기 와 같이 발음이 달라지는 곳에 밑줄을 그으십시오.

> 보기  지하철의 경로석은 비워 두는 것이 좋습니다.

1) 종로에서 만나기로 했어요.

2) 청량리역에서 영화도 보고 쇼핑도 할 수 있어요.

3) 남자와 여자는 공감하는 능력에 차이가 있습니다.

4) 여자들은 자신의 심리 상태를 이해해 줄 때 화가 풀린다는 거지요.

**3.** 잘 듣고 빈칸을 채우십시오.

1) _____ 8월 15일이 추석입니다.

2) 국민 투표로 새로운 _____ 선출되었습니다.

3) _____ 생긴 커피 거리가 데이트 코스로 인기가 많습니다.

 받침 'ㅁ, ㅇ' 의 뒤에 오는 'ㄹ'은 비음 [ㄴ]으로 소리가 난다.

 # 활동

1. 다음은 여자 언어 번역 앱에 관한 뉴스입니다. 잘 듣고 속뜻을 쓰십시오.

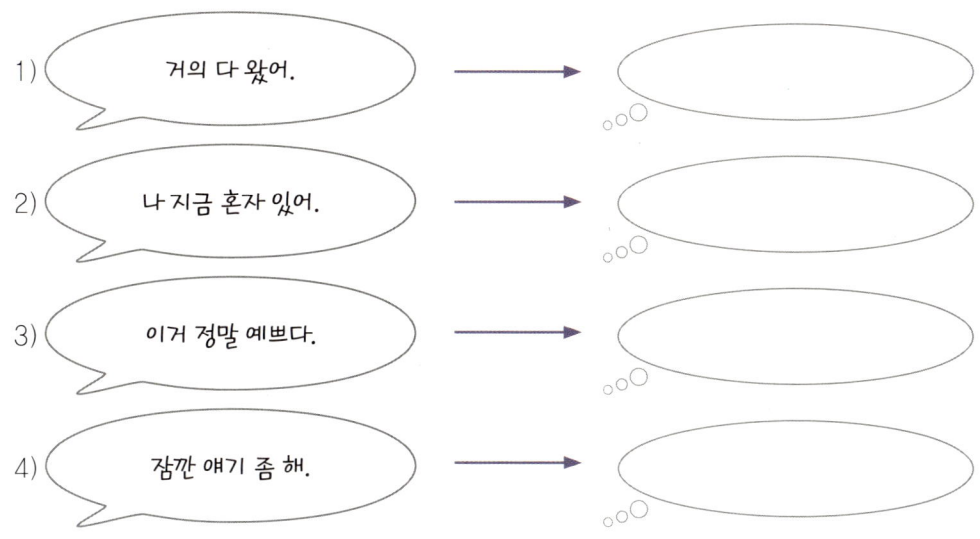

1) 거의 다 왔어.
2) 나 지금 혼자 있어.
3) 이거 정말 예쁘다.
4) 잠깐 얘기 좀 해.

2. 여러분이 이해하기 힘든 이성의 말에는 무엇이 있었는지 친구와 이야기해 보십시오.

- 남녀 차이에 관한 내용을 듣고 이해할 수 있습니까?
- 무엇을 배웠습니까? 생각나는 것을 자유롭게 써 보십시오.

# 04 사건과 사고

| 4-1 | 빈집털이 예방법을 소개해 드리겠습니다 |

  🎯 '빈집털이' 예방법에 대한 방송을 듣고 이해할 수 있다.

| 4-2 | 길을 지나가던 사람이 크게 다쳤대 |

  🎯 '땅 꺼짐' 사고에 대한 대화를 듣고 이해할 수 있다.

| 4-3 | 지난밤 사건·사고 소식, 강혜리 기자입니다 |

  🎯 사건·사고 뉴스를 듣고 이해할 수 있다.

### 이야기해 보십시오.

1. 요즘 뉴스에 자주 나오는 사건·사고는 무엇입니까?
2. 여러분 나라에서 최근에 일어난 가장 큰 사건·사고는 무엇입니까?

## 4-1 빈집털이 예방법을 소개해 드리겠습니다

 '빈집털이' 예방법에 대한 방송을 듣고 이해할 수 있다.

**1** 알맞은 것을 고르십시오.

| 비우게 | 주기적으로 | 순찰 서비스를 |

### 빈집을 지켜 드립니다

명절, 휴가 등으로 장기간 집을 _____ 될 경우, 일주일 전까지 관할 경찰서에 _____ 신청하시면 그 기간 동안 _____ 댁을 방문해 안전 여부를 확인해 알려 드립니다.

**2** 빈집털이 예방법에 대한 방송입니다. 잘 들으십시오.

다음 표를 완성하십시오.

| 빈집털이 예방법 | • <br> • <br> • <br> • <br> • |

# 4-2 길을 지나가던 사람이 크게 다쳤대

 '땅 꺼짐' 사고에 대한 대화를 듣고 이해할 수 있다.

**1** 알맞은 것을 고르십시오.

| 구멍에 | 꺼지는 | 대책이 | 무리해서 |

1) 가수를 보기 위해 몰려든 팬들로 인해 무대 바닥이 _____ 사고가 발생했다.
2) 어제 집에 가다가 바닥에 있는 맨홀 _____ 구두 굽이 걸려 넘어졌다.
3) 음주 운전을 예방하기 위한 정부의 적극적인 _____ 마련되어야 한다.
4) 그동안 운동을 하지 않다가 어제 갑자기 _____ 그런지 온몸이 다 아프다.

**2** '땅 꺼짐' 사고에 대한 대화입니다. 잘 들으십시오.

다음 표를 완성하십시오.

| 사고의 내용 | |
|---|---|
| '땅 꺼짐' 사고의 원인 | |

## 4-3 지난밤 사건·사고 소식, 강혜리 기자입니다

🎯 사건·사고 뉴스를 듣고 이해할 수 있다.

**1** 잘 듣고 빈칸을 채우십시오.

경찰은 교통사고의 정확한 사고 원인을 밝히기 위해 _____ 이다.

**2** 잘 듣고 알맞은 것을 찾아 번호(1-4)를 쓰십시오.

1)    2)    3)    4)

**3** 사건·사고 뉴스입니다. 잘 들으십시오.

④ 잘 듣고 답하십시오.

1 들은 내용을 메모한 후 친구와 비교해 보십시오.

 메모한 것을 이용하여 문장으로 말할 수 있도록 지도해 주세요.

2 다시 듣고 질문에 답하십시오.

1) 맞는 것에 ✔를 하십시오.

❶ 어젯밤 '땅 꺼짐' 사고로 한 모 씨가 중상을 입었다. ☐ 네 ☐ 아니요
❷ 동대문구의 화재는 집주인의 부주의로 일어났다. ☐ 네 ☐ 아니요
❸ 종로구에서 일어난 화재로 인명 사고가 발생했다. ☐ 네 ☐ 아니요

2) 다음 중 교통사고 뉴스에 대한 내용과 다른 것을 고르십시오.

❶ 트럭 운전자 김 모 씨는 지금 병원에서 치료 중이다.
❷ 정 모 씨는 교통사고를 일으켜 경찰의 조사를 받고 있다.
❸ 경찰은 강남에서 발생한 교통사고의 목격자를 찾고 있다.
❹ 파주에서 빗길에 미끄러진 트럭이 뒤집히는 사고가 일어났다.

3) '땅 꺼짐' 사고가 일어난 원인은 무엇입니까?

⑤ 듣고 따라 하십시오.

1) 계속되다, '땅 꺼짐' 사고, 시민들, 불안감, 커지다
2) 다세대 주택, 1층, 전기 합선, 불, 나다, 전자 제품 등, 태우다, 10분, 꺼지다
3) 김 씨, 중상, 입다, 병원, 옮기다, 치료, 받다

⑥ 지난밤 일어난 사건·사고에 대해 이야기해 보십시오.

 # 발음

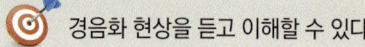 경음화 현상을 듣고 이해할 수 있다.

**1.** 잘 듣고 따라 하십시오.

1) 작동

2) 입국

3) 학비

4) 엽서

**2.** 잘 듣고 보기 와 같이 발음이 달라지는 곳에 밑줄을 그으십시오.

> 보기   너무 배가 고파서 먼저 <u>먹었대요</u>.

1) 최근 맞벌이 부부의 증가로 외식 문화가 달라지고 있다.

2) 갑자기 걸어가다가 그런 일을 당했으니 얼마나 놀랐을까?

3) 대학로에 있는 경희 극단에서 새로운 공연을 준비하고 있다.

4) 이 식당은 맛있다는 입소문이 나서 멀리 지방에서도 찾아온다.

**3.** 잘 듣고 빈칸을 채우십시오.

1) 과학의 발전으로 인간의 수명이 _____.

2) 집안에 있는 _____ 치우는 데 한나절이 걸렸다.

3) 내일 있을 면접 시험 _____ 밤새도록 잠을 이루지 못했다.

> 받침 소리 [ㄱ, ㄷ, ㅂ] 뒤에 오는 'ㄱ, ㄷ, ㅂ, ㅅ, ㅈ'은 [ㄲ, ㄸ, ㅃ, ㅆ, ㅉ]로 소리가 난다.

 # 활동

1. 다음은 화재 대피 방법입니다. 잘 듣고 빈칸을 채우십시오.

- _____ 주변 사람들에게 화재 알리기
- 작은 불은 _____ 이용해 끄기
- 젖은 수건으로 _____ 막기
- _____ 이용해 내려가기

2. 다음과 같은 자연재해가 발생하면 어떻게 해야 하는지 조사해서 이야기해 보십시오.

| 지진 | |
|---|---|
| 홍수 | |
| 산사태 | |

**생각해 봅니다.** Let's think!

- 사건·사고 뉴스를 듣고 이해할 수 있습니까?
- 무엇을 배웠습니까? 생각나는 것을 자유롭게 써 보십시오.

# 05 유행

1과 대중문화 · 2과 이야기 · 3과 남녀 차이 · 4과 사건과 사고 · 5과 유행 · 6과 품과 직업 · 7과 관광 · 8과 스포츠 · 9과 취업 · 10과 인생과 가치관

| 5-1 | 최근 유행에 민감한 남성들이 증가하고 있습니다 |

🎯 유행에 민감한 남성들에 대한 뉴스를 듣고 이해할 수 있다.

| 5-2 | 이 디자인 하나하나에는 실용적인 요소가 담겨져 있습니다 |

🎯 의상 박물관 큐레이터의 설명을 듣고 이해할 수 있다.

| 5-3 | 올가을 유행을 선도하는 세련된 패션을 완성해 보세요 |

🎯 패션 관련 방송을 듣고 이해할 수 있다.

 **이야기해 보십시오.**

1. 요즘 유행하고 있는 것은 무엇입니까?
2. 유행을 따라 하는 사람들에 대해 어떻게 생각합니까?

## 5-1 최근 유행에 민감한 남성들이 증가하고 있습니다

유행에 민감한 남성들에 대한 뉴스를 듣고 이해할 수 있다.

**1** 알맞은 것을 연결하십시오.

1) 유행, 변화, 패션 ・    ・❶ 을/를 갖추다

2) 경제력, 자격, 실력 ・    ・❷ 에 민감하다

3) 사회 현상, 시대, 문화 ・    ・❸ 을/를 반영하다

**2** 유행에 민감한 남성들에 대한 뉴스입니다. 잘 들으십시오.

다음 표를 완성하십시오.

| | |
|---|---|
| '그루밍족'의 의미 | |
| '그루밍족' 현상을 반영한 마케팅 전략 | ・<br>・ |

## 5-2 이 디자인 하나하나에는 실용적인 요소가 담겨져 있습니다

🎯 의상 박물관 큐레이터의 설명을 듣고 이해할 수 있다.

**1** 알맞은 것을 고르십시오.

| 방수성이 | 보온성을 | 실용성을 | 활동성을 |

1) _____ 뛰어나 눈, 비에도 잘 젖지 않는다.
2) 잘 늘어나는 재질을 사용하여 _____ 강화했다.
3) 어깨 부분의 천을 이중으로 덮어 _____ 높였다.
4) 모자를 탈·부착이 가능하도록 하여 _____ 더했다.

**2** 의상 박물관 큐레이터의 설명입니다. 잘 들으십시오.

✏️ 다음 표를 완성하십시오.

| 트렌치코트의 유래 | |
|---|---|
| 트렌치코트의 특징 | ❶ 어깨 부분:<br>❷ 손목, 허리, 목 부분:<br>❸ 소매 부분:<br>❹ 재질: |

## 5-3 올가을 유행을 선도하는 세련된 패션을 완성해 보세요

🎯 패션 관련 방송을 듣고 이해할 수 있다.

**1** 잘 듣고 빈칸을 채우십시오.

> 올가는 코트를 살 때 _____ 오래 못 입을까 봐 걱정했다.

**2** 잘 듣고 빈칸에 쓰십시오.

1) 요즘에는 유행에 맞는 _____ 연출하고 싶어 하는 사람들이 많다.

2) 자신의 _____ 관계없이 유행을 따라 하는 사람도 있다.

3) 유행을 지나치게 따르면 자신만의 독특한 _____ 사라진다.

**3** 패션 관련 방송입니다. 잘 들으십시오.

## 4 잘 듣고 답하십시오.

1 들은 내용을 메모한 후 친구와 비교해 보십시오.

메모한 것을 이용하여 문장으로 말할 수 있도록 지도해 주세요.

2 다시 듣고 질문에 답하십시오.

1) 맞는 것에 ✔를 하십시오.

① 트렌치코트는 유행을 타지 않고 꾸준히 사랑을 받고 있다.   ☐ 네   ☐ 아니요
② 트렌치코트에 벨트를 매면 활동적인 느낌을 줄 수 있다.   ☐ 네   ☐ 아니요
③ 통통한 사람은 어깨에 장식이 있는 디자인을 입는 것이 좋다.   ☐ 네   ☐ 아니요

2) 정장을 자주 입는 사람은 어떤 트렌치코트를 선택하는 것이 좋은지 고르십시오.

① 화려한 색상의 트렌치코트　　② 헐렁한 스타일의 트렌치코트
③ 독특한 디자인의 트렌치코트　　④ 기본적인 디자인의 트렌치코트

3) 트렌치코트를 좀 더 개성 있게 입을 수 있는 방법은 무엇입니까?

## 5 듣고 따라 하십시오.

1) 트렌치코트, 잘, 입다, 체형, 단점, 보완하다
2) 트렌치코트, 유행, 타다, 기본, 아이템, 개성, 드러내다, 좀, 어렵다
3) 추천하다, 방법, 참고하다, 올가을, 유행, 선도하다, 세련되다, 패션, 완성하다

## 6 도전해 보고 싶은 패션 스타일에 대해 이야기해 보십시오.

 # 발음

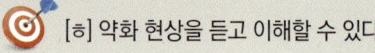

**1. 잘 듣고 따라 하십시오.**

   1) 문화

   2) 유행

   3) 체형

   4) 선도하다

**2. 잘 듣고 따라 하십시오.**

   1) **지하철 사호선을** 타면 서울역에 갈 수 있습니다.

   2) **남해에** 가면 **싱싱한** 해산물을 맛볼 수 있습니다.

   3) **유행을** 타지 않으면서도 세련된 느낌을 **연출할** 수 있습니다.

   4) **캐주얼한** 느낌을 **원하신다면** 좀 더 **헐렁한** 스타일을 선택하시는 게 좋습니다.

**3. 잘 듣고 빈칸을 채우십시오.**

   1) 이번 _____ 친구들과 지방으로 여행을 갈까 해요.

   2) 가족들이 고향에서 어떻게 지내고 있는지 _____.

   3) 채광이 좋고 따뜻해서 _____ 선호하는 사람들이 많다.

> 모음이나 받침 'ㄴ, ㅁ, ㅇ, ㄹ' 뒤에 'ㅎ'이 오는 경우에 [ㅎ]이 약화되어 소리가 나기도 한다.

 # 활동

1. 다음은 유행에 대한 뉴스입니다. 잘 듣고 다음 표를 완성하십시오.

| | '그루밍족'에 대한 뉴스 |
|---|---|
| 설문 조사 결과 | •<br>•<br>•<br>• |
| 외모에 관심을 갖는 남성들이 증가하는 원인 | •<br>• |

2. 여러분 나라에는 유행과 관련된 어떤 사회 현상이 있는지 조사해 보십시오.

- 유행에 대한 내용을 듣고 이해할 수 있습니까?
- 무엇을 배웠습니까? 생각나는 것을 자유롭게 써 보십시오.

# 06 꿈과 직업

1과 대중문화 · 2과 이야기 · 3과 남녀 차이 · 4과 사건과 사고 · 5과 유행 · **6과 꿈과 직업** · 7과 관광 · 8과 스포츠 · 9과 취업 · 10과 인생과 가치관

**6-1** 꿈을 이루기 위해 사업을 시작했습니다
  🎯 성공한 사업가에 대한 방송을 듣고 이해할 수 있다.

**6-2** 제 마음속에서 변화가 생기기 시작하더라고요
  🎯 여행가와의 인터뷰를 듣고 이해할 수 있다.

**6-3** 주변의 반대 때문에 제 꿈을 포기할 수는 없었습니다
  🎯 꿈과 직업에 대한 강연을 듣고 이해할 수 있다.

📢 **이야기해 보십시오.**

1. 앞으로 어떤 직업을 가지고 싶습니까?
2. 하고 싶은 일을 주위 사람들이 반대한다면 어떻게 하겠습니까?

## 6-1 꿈을 이루기 위해 사업을 시작했습니다

🎯 성공한 사업가에 대한 방송을 듣고 이해할 수 있다.

1. 사업 성공에 필요하다고 생각하는 것을 순서대로 골라 보십시오.

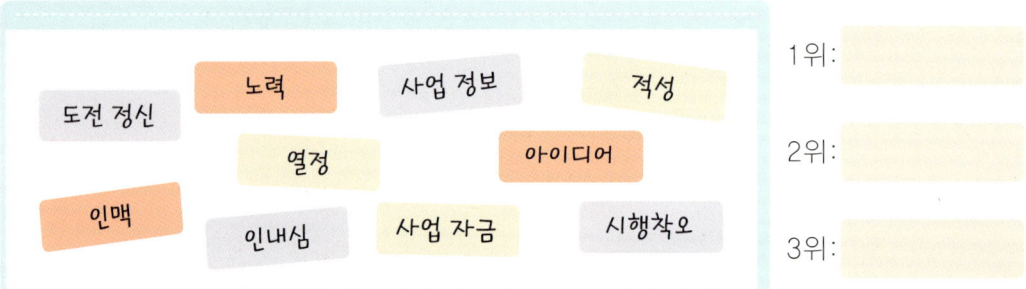

1위: 
2위: 
3위: 

도전 정신, 노력, 사업 정보, 적성, 열정, 아이디어, 인맥, 인내심, 사업 자금, 시행착오

2. 성공한 사업가에 대한 방송입니다. 잘 들으십시오.

도전! 성공 시대

✏️ 다음 표를 완성하십시오.

| | |
|---|---|
| 공무원을 그만둔 이유 | |
| 스팀 청소기 개발 계기 | |
| 전하고 싶은 메시지 | |

## 6-2 제 마음속에서 변화가 생기기 시작하더라고요

🎯 여행가와의 인터뷰를 듣고 이해할 수 있다.

**1** 알맞은 것을 연결하십시오.

1) 매력에 • • ❶ 닿다
2) 발길이 • • ❷ 누리다
3) 변화가 • • ❸ 빠지다
4) 여유를 • • ❹ 생기다

**2** 여행가와의 인터뷰입니다. 잘 들으십시오.

✏️ 다음 표를 완성하십시오.

| 오지 여행을 시작하게 된 이유 | |
|---|---|
| 여행을 하면서 달라진 점 | |

## 6-3 주변의 반대 때문에 제 꿈을 포기할 수는 없었습니다

 꿈과 직업에 대한 강연을 듣고 이해할 수 있다.

**1** 잘 듣고 빈칸을 채우십시오.

이 여자는 '유치원 선생님'이라는 직업이 여자들이 하는 일이라는 _____을 가지고 있다.

**2** 잘 듣고 일이 일어난 순서대로 번호를 쓰십시오.

1) 　2) 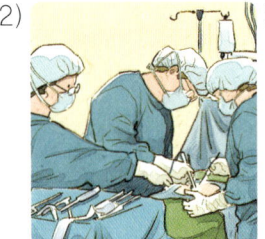　3) 　4)

**3** 꿈과 직업에 대한 강연입니다. 잘 들으십시오.

**4** 잘 듣고 답하십시오.

① 들은 내용을 메모한 후 친구와 비교해 보십시오.

 메모한 것을 이용하여 문장으로 말할 수 있도록 지도해 주세요.

② 다시 듣고 질문에 답하십시오.

1) 맞는 것에 ✔를 하십시오.
   ❶ 강연자는 방송을 보고 자신의 진로를 결정했다.    ☐ 네  ☐ 아니요
   ❷ 강연자는 아버지가 하는 일에는 관심이 없었다.    ☐ 네  ☐ 아니요
   ❸ 강연자의 원래 꿈은 건축 설계사가 되는 것이었다.  ☐ 네  ☐ 아니요

2) 주변 사람들이 강연자의 꿈을 반대한 이유를 고르십시오.
   ❶ 어린 나이 때문에              ❷ 전문 지식이 부족했기 때문에
   ❸ 성별에 대한 편견 때문에        ❹ 적성에 맞지 않는 일이기 때문에

3) 강연자가 자신의 일을 열심히 할 수 있는 이유는 무엇입니까?

**5** 듣고 따라 하십시오.

1) 건축, 일, 남자, 하다, 일, 여자, 하다, 너무, 힘들다
2) 나이, 어리다, 여자, 이유, 곱다, 시선, 많이, 받다
3) 사람들, 그렇다, 편견, 깨다, 저, 더, 열심히, 노력하다

**6** 하고 싶은 일을 생각해 보고 그 꿈을 이루기 위한 계획을 이야기해 보십시오.

| 나의 꿈 | |
|---|---|
| 꿈을 이루기 위한 계획 | |

 # 발음

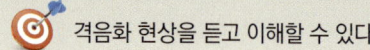 격음화 현상을 듣고 이해할 수 있다.

**1. 잘 듣고 따라 하십시오.**

1) 입학

2) 꽃향기

3) 깨끗하다

4) 만족하다

**2. 잘 듣고 보기 와 같이 발음이 달라지는 곳에 밑줄을 그으십시오.**

> 보기 <u>불편하고</u> <u>부족한</u> 환경 속에서 욕심을 버리는 연습을 할 수 있었다.

1) 제 마음속에서 변화가 생기기 시작했습니다.

2) 몇 해 동안 그 친구를 한 번도 보지 못했다.

3) 익숙하지 않은 환경에서 생활하기가 쉽지 않다.

4) 대학교를 졸업하고 한국 회사에 취직하고 싶습니다.

**3. 잘 듣고 빈칸을 채우십시오.**

1) 처음에는 _____ 겁도 나고 힘들었습니다.

2) 부모님께서 생일 선물로 _____ 사 주셨습니다.

3) 무슨 일이든지 최선을 다해 _____ 자세가 필요하다.

 'ㄱ, ㄷ, ㅂ, ㅈ'은 'ㅎ'의 앞, 뒤에서 격음 [ㅋ, ㅌ, ㅍ, ㅊ]로 소리가 난다.

 # 활동

1. 다음은 꿈에 대한 노래입니다. 잘 듣고 알맞은 것을 골라 빈칸을 채우십시오.

| 싣고　　　생각나　　　날아가고　　　잊어버리게 |

### 풍선
다섯손가락

왜 하늘을 보면 나는 눈물이 날까
그것조차 알 수 없잖아

왜 어른이 되면 　　　　　　 될까
조그맣던 아이 시절을

때로는 나도 그냥 하늘 높이 　　　　　　 싶어
잊었던 나의 꿈들과 추억을 가득 　　　　　　

지나가 버린 어린 시절엔
풍선을 타고 날아가는 예쁜 꿈도 꾸었지

노란 풍선이 하늘을 날면
내 마음에도 아름다운 기억들이 　　　　　　

2. 친구의 꿈을 듣고 응원하는 메시지를 써 보십시오.

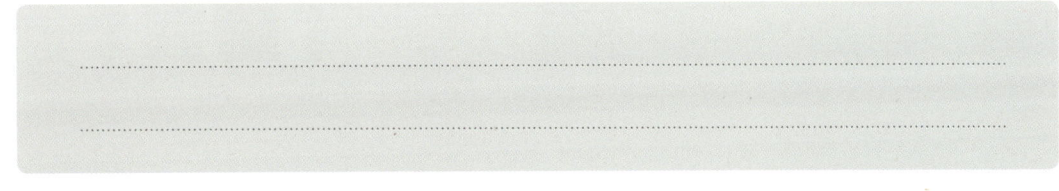

- 꿈과 직업에 대한 내용을 듣고 이해할 수 있습니까?
- 무엇을 배웠습니까? 생각나는 것을 자유롭게 써 보십시오.

# 07 관광

| 7-1 | '의료 관광'이 새로운 관광 트렌드로 떠오르고 있는데요 |
|---|---|
| | 🎯 의료 관광에 대한 뉴스를 듣고 이해할 수 있다. |

| 7-2 | 왜 무영탑이라고 불리는지 아시나요? |
|---|---|
| | 🎯 문화재의 배경 설화를 듣고 이해할 수 있다. |

| 7-3 | 자, 그러면 이제 근정전 내부를 자세히 살펴볼까요? |
|---|---|
| | 🎯 문화재 안내를 듣고 이해할 수 있다. |

### 🔊 이야기해 보십시오.

1. 관광에는 어떤 종류가 있습니까?
2. 관광을 할 때 가장 중요하게 생각하는 것은 무엇입니까?

## 7-1 '의료 관광'이 새로운 관광 트렌드로 떠오르고 있는데요

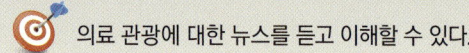 의료 관광에 대한 뉴스를 듣고 이해할 수 있다.

**1** 관계있는 것을 고르십시오.

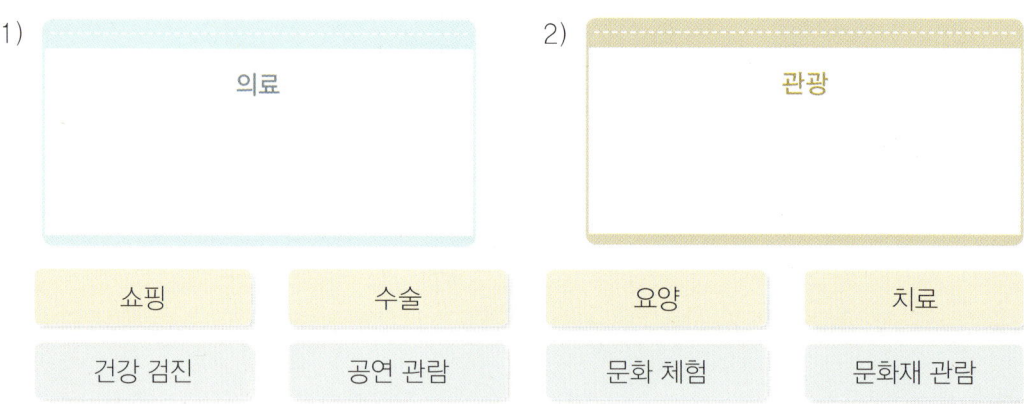

1) 의료
2) 관광

쇼핑 | 수술 | 요양 | 치료
건강 검진 | 공연 관람 | 문화 체험 | 문화재 관람

**2** 의료 관광에 대한 뉴스입니다. 잘 들으십시오.

다음 표를 완성하십시오.

| | 의료 관광 |
|---|---|
| 만족도가 높은 이유 | |
| 부정적인 현상 | |

62 | 듣기 4

# 7-2 왜 무영탑이라고 불리는지 아시나요?

문화재의 배경 설화를 듣고 이해할 수 있다.

**1** 알맞은 것을 고르십시오.

| 비친 | 그림자 | 금기를 | 쫓아갔지만 |

1) 달빛이 _____ 호수는 눈을 뗄 수 없을 만큼 아름다웠다.

2) 집 앞에 지어진 높은 건물의 _____ 때문에 집이 늘 어둡다.

3) 출발하려는 버스를 잡으려고 _____ 눈앞에서 버스를 놓치고 말았다.

4) 해외여행을 가기 전에 그 나라에서 하면 안 되는 _____ 확인하세요.

**2** 석가탑에 얽혀 있는 설화입니다. 잘 들으십시오.

다음 표를 완성하십시오.

| 설화의 주인공과 배경 | |
|---|---|
| 설화의 내용 | |
| '무영탑'이라고 불리는 이유 | |

## 7-3 자, 그러면 이제 근정전 내부를 자세히 살펴볼까요?

문화재 안내를 듣고 이해할 수 있다.

**1** 잘 듣고 빈칸을 채우십시오.

사관은 조선 시대에 왕의 말과 행동을 _____ 사람이다.

**2** 잘 듣고 맞는 것에 ✔를 하십시오.

1) 한국의 500원짜리 동전에는 학이 새겨져 있다.   ☐ 네  ☐ 아니요
2) 태국에서는 학이 장수를 상징한다.   ☐ 네  ☐ 아니요
3) 태국에는 코끼리 모양의 장식품이 많다.   ☐ 네  ☐ 아니요

**3** 문화재 안내입니다. 잘 들으십시오.

## 4 잘 듣고 답하십시오.

1 들은 내용을 메모한 후 친구와 비교해 보십시오.

> 메모한 것을 이용하여 문장으로 말할 수 있도록 지도해 주세요.

2 다시 듣고 질문에 답하십시오.

1) 맞는 것에 ✔를 하십시오.
   ❶ 근정전에서 나라의 중요한 행사가 열렸다.     □ 네    □ 아니요
   ❷ 왕의 의자 뒤에는 일월오봉도가 펼쳐져 있다.   □ 네    □ 아니요
   ❸ 사관은 왕의 사적인 대화를 기록할 수 없었다.  □ 네    □ 아니요

2) 일월오봉도에 대한 설명으로 틀린 것을 고르십시오.
   ❶ 일월오봉도의 해와 달은 장수를 상징한다.
   ❷ 일월오봉도는 만 원권 지폐에서 볼 수 있다.
   ❸ 일월오봉도의 중앙에는 5개의 산이 그려져 있다.
   ❹ 일월오봉도의 소나무, 폭포, 파도는 조선 땅을 상징한다.

3) 일월오봉도는 무슨 의미를 가지고 있습니까?

## 5 듣고 따라 하십시오.

1) 여러분, 보다, 이, 건물, 바로, 경복궁, 가장, 중요하다, 건물이다, 근정전이다
2) 왕, 왕비, 다스리다, 조선, 전체, 발전, 기원하다, 그림이다
3) 왕, 사관, 사실, 다르다, 기록하다, 명령, 내리다

## 6 여러분의 나라의 유명한 문화재에 대해 이야기해 보십시오.

 # 발음

> 유음화 현상을 듣고 이해할 수 있다.

**1.** 잘 듣고 따라 하십시오.

1) 신라

2) 본론

3) 신뢰

4) 설날

**2.** 잘 듣고 보기와 같이 발음이 달라지는 곳에 밑줄을 그으십시오.

> 보기  그 아이는 올해 <u>열네</u> 살이 되었습니다.

1) 이와 관련된 일화를 하나 말씀드릴게요.

2) 석가탑에 대해서 간략하게 설명해 드리겠습니다.

3) 한라산 꼭대기에는 눈이 쌓여 있습니다.

4) 휴대 전화가 고장 나서 연락을 할 수가 없었어요.

**3.** 잘 듣고 빈칸을 채우십시오.

1) _____ 담배를 피울 수 없습니다.

2) 옛날에는 교실마다 _____ 설치되어 있었습니다.

3) 최근 _____ 영향으로 한국을 방문하는 관광객이 늘고 있습니다.

 'ㄴ'은 'ㄹ'의 앞뒤에서 [ㄹ]로 소리가 난다.

 # 활동

1. 다음은 관광지 안내원의 문화재 안내입니다. 잘 듣고 다음 표를 완성하십시오.

| 월지의 다른 이름 | |
|---|---|
| 월지의 용도 | • <br> • |

2. 한국에서 가 본 여행지 중에서 가장 인상 깊었던 곳에 대해 이야기해 보십시오.

- 관광에 대한 내용을 듣고 이해할 수 있습니까?
- 무엇을 배웠습니까? 생각나는 것을 자유롭게 써 보십시오.

# 08 스포츠

대중문화 이야기 남녀 차이 사건과 사고 유행 꿈과 직업 관광 스포츠 취업 인생과 가치관
1과  2과  3과  4과  5과  6과  7과  8과  9과  10과

**8-1** 올림픽에서 메달 소식, 한번 기대해 보겠습니다
  🎯 스포츠 뉴스를 듣고 이해할 수 있다.

**8-2** 오늘 경기 소감을 말씀해 주시죠
  🎯 운동선수와의 인터뷰를 듣고 이해할 수 있다.

**8-3** 최근 김지훈 선수 활약이 대단해요
  🎯 스포츠 중계를 듣고 이해할 수 있다.

### 이야기해 보십시오.

1. 여러분 나라에서 가장 인기 있는 스포츠는 무엇입니까?
2. 경기장에서 직접 관람해 보고 싶은 스포츠는 무엇입니까?

## 8-1 올림픽에서 메달 소식, 한번 기대해 보겠습니다

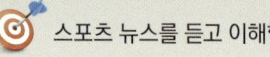 스포츠 뉴스를 듣고 이해할 수 있다.

**1** 알맞은 것을 고르십시오.

| 메달을 | 실력이 | 실수도 | 인연이 |

1) 이 두 선수, 중요한 경기 때마다 이렇게 만나는 걸 보면 참 _____ 깊네요.

2) 성실한 태도로 꾸준히 연습하더니 _____ 많이 늘었어요.

3) 김연아 선수는 작은 _____ 없는 아주 완벽한 경기를 보여 주었습니다.

4) 오랜 부상을 극복하고 올림픽에서 _____ 딴 조민규 선수의 사연은 감동적이었다.

**2** 스포츠 뉴스입니다. 잘 들으십시오.

다음 표를 완성하십시오.

| 올림픽 메달은 '하늘이 내린다'라고 하는 이유 | |

## 8-2 오늘 경기 소감을 말씀해 주시죠

🎯 운동선수와의 인터뷰를 듣고 이해할 수 있다.

**1** 반대말을 찾아 연결하십시오.

1) 강점 • • ❶ 수비
2) 공격 • • ❷ 약점
3) 승리 • • ❸ 패배
4) 전반 • • ❹ 후반

**2** 운동선수와의 인터뷰입니다. 잘 들으십시오. 🔔086

✏️ 들은 내용을 메모하십시오.

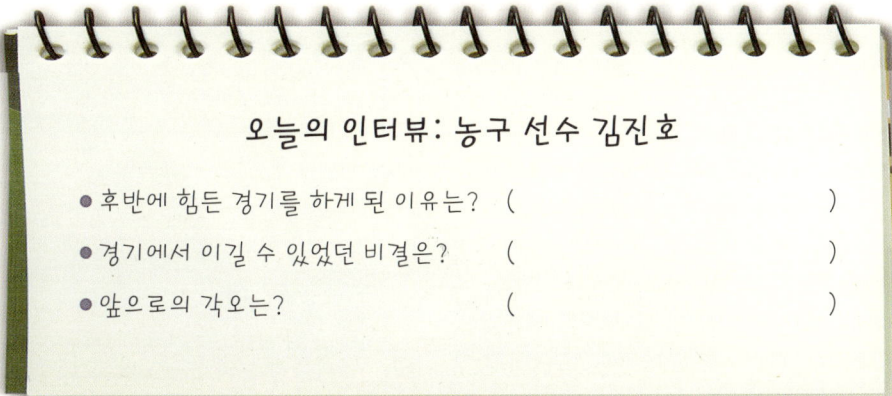

오늘의 인터뷰: 농구 선수 김진호
- 후반에 힘든 경기를 하게 된 이유는? (                    )
- 경기에서 이길 수 있었던 비결은? (                    )
- 앞으로의 각오는? (                    )

## 8-3 최근 김지훈 선수 활약이 대단해요

 스포츠 중계를 듣고 이해할 수 있다.

**1** 잘 듣고 빈칸을 채우십시오.

> 이번 골프 대회에는 국내외의 우수한 선수들이 많이 참가해 우승 경쟁이 _____ 것으로 예상된다.

**2** 잘 듣고 빈칸에 쓰십시오.

1)  스케이트 선수가 코너에서 넘어져 _____ 바뀌었다.

2)  수영 선수 최태훈은 오늘 경기에서 새로운 개인 _____ 도전한다.

3)  박승현 선수는 부상으로 이번 경기 _____ 명단에서 제외되었다.

4)  오늘 경기에서 이재욱 선수는 수비와 공격에서 큰 _____ 했다.

**3** 스포츠 중계입니다. 잘 들으십시오.

**4** 잘 듣고 답하십시오.

1 들은 내용을 메모한 후 친구와 비교해 보십시오.

> 메모한 것을 이용하여 문장으로 말할 수 있도록 지도해 주세요.

2 다시 듣고 질문에 답하십시오.

1) 맞는 것에 ✔를 하십시오.
   ❶ 상위권 팀의 순위 경쟁이 치열하다.   ☐ 네   ☐ 아니요
   ❷ FC 서울은 현재 아시아 클럽 경기 3위이다.   ☐ 네   ☐ 아니요
   ❸ 오늘 경기의 승리 팀이 결승에 진출한다.   ☐ 네   ☐ 아니요

2) 오늘 경기에서 김지훈 선수의 역할이 큰 이유를 고르십시오.
   ❶ 두 경기 연속 골 기록을 세우고 있기 때문에
   ❷ 주장의 경기 운영이 중요한 경기이기 때문에
   ❸ 미드필더로 공격과 수비에 모두 참여하기 때문에
   ❹ 후배 선수들이 선발되어 출전하는 경기이기 때문에

3) FC 서울이 이전 경기들에서 좋은 성적을 거둘 수 있었던 이유는 무엇입니까?
   ❶ 골 성공률이 높은 선수들이 많아서
   ❷ 적극적인 공격으로 경기를 진행해서
   ❸ 책임감과 강한 정신력을 갖고 출전해서
   ❹ 대부분의 선수들이 풍부한 경기 출전 경험을 갖고 있어서

**5** 듣고 따라 하십시오.

1) 상위권 팀, 순위 경쟁, 치열하다, 축구 팬, 관심, 높다
2) 수비, 공격, 적극적, 참여하다, 훌륭하다, 경기, 보이다
3) 주장, 후배, 잘, 이끌다, 김지훈 선수, 모습, 정말, 보다, 좋다

**6** 좋아하는 스포츠 경기에 대해 이야기해 보십시오.

# 발음

비음화 현상을 듣고 이해할 수 있다.

**1.** 잘 듣고 따라 하십시오.

1) 앞니

2) 겁나다

3) 잡는

4) 법률

**2.** 잘 듣고 따라 하십시오.

1) 여기는 수원 월드컵 **경기장입니다**.

2) 금메달 소식 한번 기대해 **보겠습니다**.

3) 오늘은 아르바이트로 돈을 번 첫 **월급날이다**.

4) 이번 대회에서 신기록을 세운 선수는 아직 한 명도 **없네요**.

**3.** 잘 듣고 빈칸을 채우십시오.

캐스터: 오늘 경기가 매우 _____. 아, 이제 이 팀은 더 이상 교체할 선수가 _____. 경기를 어떻게 이끌어 갈지가 정말 _____. 어, 저기 왼쪽에 수비 선수가 빈 공간이 보이네요. 이럴 때는 누구라도 빨리 움직여야 _____.

받침 소리 [ㅂ]는 'ㄴ' 앞에서 비음 [ㅁ]로 소리가 난다.

 # 활동

1. 다음은 한국 응원 문화에 대한 방송입니다. 잘 듣고 다음 표를 완성하십시오.

| 한국 야구장의 응원 문화 | • 노래:<br>• 복장:<br>• 응원 방법: |
|---|---|

2. 여러분 나라의 응원 문화를 소개해 보십시오.

- 스포츠와 관련된 내용을 듣고 이해할 수 있습니까?
- 무엇을 배웠습니까? 생각나는 것을 자유롭게 써 보십시오.

# 09 취업

| 9-1 | 자기 소개서를 쓸 때는 단어 하나도 신중하게 선택해야 돼요 |
|---|---|
| | 🎯 취업 상담사와의 대화를 듣고 이해할 수 있다. |
| 9-2 | 공공 기관 채용 박람회가 열렸는데요 |
| | 🎯 채용 박람회에 대한 뉴스를 듣고 이해할 수 있다. |
| 9-3 | 인성이 좋아야 회사 생활도 잘할 수 있을 테니까 |
| | 🎯 취업 준비에 대한 대화를 듣고 이해할 수 있다. |

### 이야기해 보십시오.

1. 어떤 분야에서 일하고 싶습니까?
2. 그 분야에서 일하기 위해서는 어떤 준비를 해야 합니까?

## 9-1 자기 소개서를 쓸 때는 단어 하나도 신중하게 선택해야 돼요

 취업 상담사와의 대화를 듣고 이해할 수 있다.

**1** 알맞은 것을 고르십시오.

| 적응할 | 신중하게 | 구체적으로 | 낙천적이라서 |

1) 제가 새로운 환경에 잘 _____ 수 있을지 걱정이 돼요.
2) 잘 이해가 안 가는데. 좀 더 _____ 말씀해 주세요.
3) 직업은 쉽게 바꿀 수 없기 때문에 _____ 선택해야 합니다.
4) 그 사람은 성격이 너무 _____ 미래에 대해 전혀 걱정을 하지 않는다.

**2** 취업 상담사와의 대화입니다. 잘 들으십시오.

다음 표를 완성하십시오.

| 자기 소개서를 쓸 때의 주의점 | • <br> • <br> • |

# 9-2 공공 기관 채용 박람회가 열렸는데요

🎯 채용 박람회에 대한 뉴스를 듣고 이해할 수 있다.

**1** 알맞은 것을 고르십시오.

| 방식 | 제한 | 현장 | 구직자 |

### 공공 기관 채용 박람회
**일시: 11월 20일~23일    장소: 서울 코엑스**

- 주요 82개 공공 기관 참여
- 각 기관의 근무 조건과 채용 _____ 등의 정보 제공
- _____ 면접을 통한 특별 채용 실시
- 지원 조건: 연령과 학력 _____ 없이 지원 가능

**여러분의 많은 참여 바랍니다.**

**2** 채용 박람회에 대한 뉴스입니다. 잘 들으십시오.

✏️ 다음 표를 완성하십시오.

| 공공 기관이 구직자에게 인기 있는 이유 | |
|---|---|
| 채용 박람회에서 얻을 수 있는 정보 | |

9과 취업 | 79

## 9-3 인성이 좋아야 회사 생활도 잘할 수 있을 테니까

🎯 취업 준비에 대한 대화를 듣고 이해할 수 있다.

**1** 잘 듣고 빈칸을 채우십시오.

이번에 입사한 신입 사원은 성격은 좋지만 _____이 조금 부족한 편이다.

**2** 잘 듣고 빈칸에 쓰십시오.

### 신입 사원 채용 시 중점적으로 보는 항목

1위 _____
2위 _____
3위 _____

**3** 취업 준비에 대한 대화입니다. 잘 들으십시오.

**4** 잘 듣고 답하십시오.

   1 들은 내용을 메모한 후 친구와 비교해 보십시오.

> 메모한 것을 이용하여 문장으로 말할 수 있도록 지도해 주세요.

   2 다시 듣고 질문에 답하십시오.

     1) 맞는 것에 ✔를 하십시오.

       ❶ 남자는 면접을 잘 봤다고 생각한다. ☐ 네 ☐ 아니요
       ❷ 면접관은 남자에게 인성 관련 질문을 했다. ☐ 네 ☐ 아니요
       ❸ 남자는 업무 능력이 떨어지면 다른 동료에게 피해를 준다고 생각한다. ☐ 네 ☐ 아니요

     2) 여자가 업무 능력보다 인성이 중요하다고 생각하는 이유를 <u>모두</u> 고르십시오.

       ❶ 인성이 좋은 사람은 다른 사람의 일을 잘 도와주기 때문에
       ❷ 일은 익숙해지면 잘하게 되지만 인성은 쉽게 바뀌지 않기 때문에
       ❸ 업무 능력이 뛰어난 사람은 다른 사람의 의견을 잘 듣지 않기 때문에
       ❹ 인성이 좋지 않아 다른 사람과 갈등을 일으키는 사람과는 일하기 힘들기 때문에

     3) 여자가 남자에게 한 조언은 무엇입니까?

**5** 듣고 따라 하십시오.

   1) 상사, 의견, 충돌, 생기다, 어떻다, 하다, 묻다
   2) 인성, 쉽다, 바뀌다, 기업들, 사원, 뽑다, 인성, 중요하다, 생각하다
   3) 결국, 취업, 하다, 업무 능력, 있다, 인성, 좋다

**6** 여러분의 나라에서는 취업을 위해 어떤 준비를 하는지 이야기해 보십시오.

 # 발음

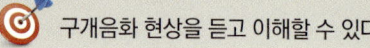 구개음화 현상을 듣고 이해할 수 있다.

1. 잘 듣고 따라 하십시오.

   1) 맏이

   2) 미닫이

   3) 묻히다

   4) 덧붙이다

2. 잘 듣고 보기 와 같이 발음이 달라지는 곳에 밑줄을 그으십시오.

   > 보기   새해 첫날 <u>해돋이</u>를 보러 강릉에 갔다 왔어요.

   1) 저는 팥이 들어간 아이스크림을 좋아해요.

   2) 갑자기 정전이 되어 10분 동안 승강기에 갇혀 있었어요.

   3) 집 안을 샅샅이 뒤졌지만 잃어버린 물건을 찾을 수 없었다.

   4) 이렇게 굳이 어린 시절부터 지금까지의 일을 상세하게 다 쓸 필요는 없어요.

3. 잘 듣고 빈칸을 채우십시오.

   1) '사람의 욕심은 　　　　　 없다'라는 말을 들어 보셨어요?

   2) 　　　　　 일해 보니까 일 처리도 느리고 좀 답답하더라고요.

   3) 잃어버리지 않도록 가방에 이름표를 　　　　　 놓는 것이 좋겠어요.

   4) 오전에 케이크를 사러 빵집에 갔는데 문이 　　　　　 있어서 못 샀어요.

   > 🔑 받침 'ㄷ, ㅌ' 뒤에 모음 'ㅣ'가 오면 [ㅈ, ㅊ]로 소리가 난다.

 # 활동

1. 다음은 직장 생활에 대한 설문 조사 결과입니다. 잘 듣고 빈칸을 채우십시오.

   1) 직장 선배가 후배에게 듣기 싫어하는 말은?
      ❶ 1위
      ❷ 2위

   2) 직장 후배가 선배에게 듣기 싫어하는 말은?
      ❶ 1위
      ❷ 2위

2. 직장 선배나 후배에게 듣고 싶은 말이 무엇인지 이야기해 보십시오.

| 후배에게 듣고 싶은 말 | 선배에게 듣고 싶은 말 |
|---|---|
|  |  |

- 취업에 관한 내용을 듣고 이해할 수 있습니까?
- 무엇을 배웠습니까? 생각나는 것을 자유롭게 써 보십시오.

# 10 인생과 가치관

10-1 인생에서 가장 중요한 것은 행복한 가정이라고 답했습니다
🎯 설문 조사 결과에 대한 뉴스를 듣고 이해할 수 있다.

10-2 노후 준비를 위한 강연이 인기를 끌고 있습니다
🎯 강연에 대한 인터뷰를 듣고 이해할 수 있다.

10-3 자기 인생의 버킷 리스트를 가지게 됐으면 좋겠습니다
🎯 인생관에 대한 강연을 듣고 이해할 수 있다.

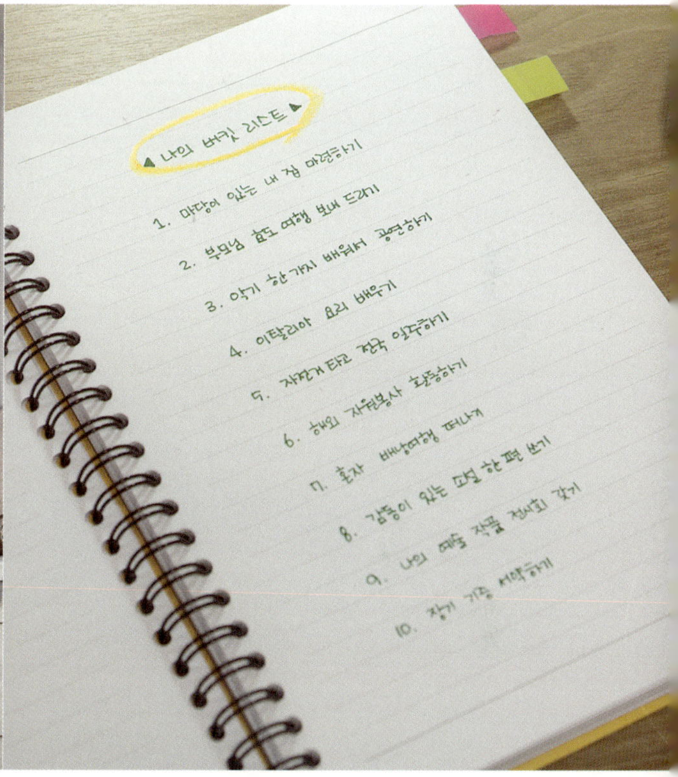

 이야기해 보십시오.

1. 인생에서 가장 중요한 것은 무엇이라고 생각합니까?
2. 죽기 전에 꼭 해 보고 싶은 일은 무엇입니까?

## 10-1 인생에서 가장 중요한 것은 행복한 가정이라고 답했습니다

🎯 설문 조사 결과에 대한 뉴스를 듣고 이해할 수 있다.

**1** 알맞은 것을 고르십시오.

| 결과를 | 조사는 | 주제로 | 대상으로 | 분석했다 |

지난 5일 서울시에서는 '시민들의 여가 활동'을 _____ 한 설문 조사 결과를 발표했다. 이 _____ 15세 이상의 서울 시민 5만 여명을 _____ 실시했으며 설문 조사 항목은 '휴일에 하는 여가 활동, 여가 활동에 투자하는 시간, 희망하는 여가 활동' 등이었다. 서울시에서는 이번 조사 _____ 통해 서울 시민들이 예전에 비해 여가 생활에 대한 관심이 전반적으로 높아진 것으로 _____.

정유진 기자 news@khu.co.kr

**2** 설문 조사 결과에 대한 뉴스입니다. 잘 들으십시오.

✏️ 다음 표를 완성하십시오.

| 설문 주제 | |
|---|---|
| 설문 결과 분석 | |

# 10-2 노후 준비를 위한 강연이 인기를 끌고 있습니다

🎯 강연에 대한 인터뷰를 듣고 이해할 수 있다.

**1** 관계있는 것을 고르십시오.

1) 청년기(靑年期)    2) 노년기(老年期)

꿈  노인  늙다  도전  방황  여유
열정  은퇴  젊다  죽음  육십 대  이십 대  젊은이

**2** 강연에 대한 인터뷰입니다. 잘 들으십시오.

✏️ 다음 표를 완성하십시오.

| 강연 주제 | |
|---|---|
| 강연을 듣는 사람 | |
| 강연을 들은 후의 소감 | • <br> • <br> • |

## 10-3 자기 인생의 버킷 리스트를 가지게 됐으면 좋겠습니다

 인생관에 대한 강연을 듣고 이해할 수 있다.

**1** 잘 듣고 빈칸을 채우십시오.

> 자신이 진정으로 원하는 것을 알아보기 위해 죽기 전에 하고 싶은 일에 대한 _____을 만들어 보는 것이 좋다.

**2** 잘 듣고 빈칸을 채우십시오.

각자가 꿈꾸는 일

| | |
|---|---|
| 1) _____ 사람 | 사랑하는 사람과 눈을 맞추고 이야기 나누기<br>가족과 함께하는 시간 갖기 |
| 2) _____ 사람 | 좋아하는 취미 생활 하기<br>하고 싶었던 공부를 위해 유학 떠나기 |

**3** 인생관에 대한 강연입니다. 잘 들으십시오.

## 4 잘 듣고 답하십시오.

① 들은 내용을 메모한 후 친구와 비교해 보십시오.

> 메모한 것을 이용하여 문장으로 말할 수 있도록 지도해 주세요.

② 다시 듣고 질문에 답하십시오.

1) 맞는 것에 ✔를 하십시오.
   ❶ 강연자는 '버킷 리스트'라는 소설을 쓴 작가이다.    ☐ 네    ☐ 아니요
   ❷ '버킷 리스트'라는 말은 영화에서 나온 후 알려지게 되었다.    ☐ 네    ☐ 아니요
   ❸ 강연의 주제는 글을 잘 쓰는 방법에 대한 것이다.    ☐ 네    ☐ 아니요

2) 강연자가 청춘 시절에 방황했던 이유를 고르십시오.
   ❶ 글을 쓰는 것이 어려웠기 때문에
   ❷ 뚜렷한 삶의 목표가 없었기 때문에
   ❸ 작가의 꿈을 이루지 못했기 때문에
   ❹ 취직 시험에 합격하지 못했기 때문에

3) 다음은 강연 중에 나온 내용입니다. 빈칸에 들어갈 말을 쓰십시오.

> "저는 우연한 _____에 인생에서 이루고 싶은 것들을 _____으로 정리해 보게 됐고 그 일을 계기로 삶의 뚜렷한 _____가 생겼습니다."

## 5 듣고 따라 하십시오.

1) 앞으로, 어떻다, 살다, 고민이다, 저, 삶, 방향, 모르다, 것, 가장, 크다, 문제이다
2) 버킷 리스트, 덕분, 막연히, 꿈, 생각하다, 것, 구체적, 계획, 바꾸다
3) 이, 강연, 여기, 계시다, 청년들, 모두, 자기, 인생, 버킷 리스트, 하나씩, 가지다, 좋다

## 6 여러분은 후회 없는 인생을 살기 위해 어떤 노력을 하고 있는지 이야기해 보십시오.

 # 발음

 경음화 현상을 듣고 이해할 수 있다.

**1.** 잘 듣고 따라 하십시오.

1) 인기

2) 갈등

3) 아침밥

4) 용돈

**2.** 잘 듣고 따라 하십시오.

1) 반드시 성공하겠다는 큰 꿈을 **안고** 이곳에 왔습니다.

2) 경제 **활동**, 문화생활 등 다양한 주제로 강연을 열고 있습니다.

3) 김 감독은 영화 학도들이 가장 **닮고** 싶어 하는 인물 1위로 뽑혔습니다.

4) **다음 달** 1일부터 청계천에서 **등불** 축제가 열립니다.

**3.** 잘 듣고 빈칸을 채우십시오.

1) 어떤 일을 추진할 때는 용기와 _____ 필요합니다.

2) 자신들이 아직 _____ 생각하는 60대가 점점 늘고 있습니다.

3) _____ 주민등록번호가 없을 경우 _____ 역할을 할 수 없습니다.

 받침 'ㄴ, ㄹ, ㅁ, ㅇ' 뒤에 오는 자음은 경음화되어 소리가 나기도 한다.

 **활동**

1. 다음은 버킷 리스트 작성법에 대한 대화입니다. 잘 듣고 다음 표를 완성하십시오.

| 버킷 리스트를 작성하는 방법 |
|---|
| • |
| • |
| • |

2. 꼭 해 보고 싶은 것에 ○를 한 후, 여러분의 버킷 리스트를 만들어 보십시오.

- 악기 배우기
- 밤바다에 누워 별 보기
- 혼자 배낭여행 떠나기
- 자전거 타고 전국 일주하기
- 학창 시절 선생님과 식사하기
- 자서전 쓰기
- 과일 나무 심기
- 매일 아침 조깅하기
- 자원봉사 활동하기
- 장기 기증 서약하기

 생각해 봅시다. Let's think!

- 인생과 가치관에 대한 내용을 듣고 이해할 수 있습니까?
- 무엇을 배웠습니까? 생각나는 것을 자유롭게 써 보십시오.

# 부록

- 모범 답안
- 듣기 지문
- 어휘 색인
- 표현 색인

# 모범 답안

## 01 대중문화

**1-1 콘서트 현장에 나와 있습니다**

❶ 알맞은 것을 고르십시오. (14쪽)
1) 히트곡
2) 신곡
3) 음반
4) 데뷔

✎ 다음 표를 완성하십시오. (14쪽)

| | 아이돌 그룹 '베스트'의 소식 |
|---|---|
| 공연 내용 | 히트곡을 부르는 무대, 멤버들의 개인 무대, 신곡 공개 |
| 활동 계획 | 음악 방송, 라디오 방송, 쇼 프로그램 등에 출연 예정 |

**1-2 연기에 대한 자신감도 많이 생겼고요**

✎ 다음 표를 완성하십시오. (15쪽)

| | 드라마 '천생연분' 주연 배우와의 인터뷰 |
|---|---|
| 드라마 종영 소감 | 많은 사람들이 드라마를 사랑해 주어서 기쁘고 행복함. |
| 상대역에 대한 이야기 | 연기 호흡이 잘 맞아서 기회가 된다면 다른 작품에서도 다시 한 번 같이 연기했으면 좋겠음. |
| 앞으로 맡고 싶은 역할 | 지금까지 했던 것과 다른 역할, 천재 예술가나 다혈질의 형사 역할을 하고 싶음. |

**1-3 이번 주 목요일 개봉을 앞두고 있는데요**

❶ 잘 듣고 빈칸을 채우십시오. (16쪽)
흥행에 성공할 것

❷ 잘 듣고 알맞은 것을 고르십시오. (16쪽)
❸

❹ 잘 듣고 답하십시오. (17쪽)
② 다시 듣고 질문에 답하십시오.
1) ❶ ✓ 아니요
   ❷ ✓ 아니요
   ❸ ✓ 네

2) ❸

3) 유나와 세훈이 한 팀으로 요리 대회에 참가할 것을 제안했음.

🔊 **발음**

2. 들은 것과 같은 것을 고르십시오. (18쪽)
1) ❶
2) ❶
3) ❷

3. 끊어 읽은 곳을 표시하십시오. (18쪽)
1) 앞으로는 V 어떤 역할을 V 해 보고 싶으세요?
2) 영화가 V 재미있다는 입소문이 나서 V 관객 수가 V 꾸준히 증가하고 있습니다.
3) 이번 주말 V 영화관 나들이를 계획하셨다면 V 예매를 V 서두르셔야 할 것 같습니다.

🎨 **활동**

1. 다음은 영화 예고편입니다. 잘 듣고 알맞은 것을 찾아 번호 (1-3)를 쓰십시오. (19쪽)
1) 2
2) 1
3) 3

## 02 이야기

**2-1 아주 먼 옛날 마음씨 착한 나무꾼이 살고 있었어요**

❶ 알맞은 것을 고르십시오. (22쪽)
1) 빠뜨렸어요
2) 미끄러졌어요
3) 막막해져서
4) 베어서

✎ 다음 표를 완성하십시오. (22쪽)

| 등장인물 | 나무꾼, 산신령 |
|---|---|
| 줄거리 | 나무꾼이 나무를 하다가 하나밖에 없는 도끼를 연못에 빠뜨렸는데 갑자기 연못 속에서 산신령이 나타나 도끼를 찾아 주겠다고 함. |

## 2-2 '개구리가 울면 비가 온다'는 말이 있습니다

**❶ 관계있는 것을 연결하십시오.** (23쪽)

1) – ❶
2) – ❸
3) – ❷

**✎ 다음 표를 완성하십시오.** (23쪽)

| 통계 내용 | 개구리가 울기 시작한 지 30시간 이내에 비가 올 확률이 70%가 넘음. |
|---|---|
| 개구리가 비가 오기 전에 우는 이유 | 개구리는 허파와 피부로 같이 호흡함. 그런데 비가 오기 전 습도가 높아지면 피부가 축축해져 숨을 쉬기 편해지기 때문에 개구리가 움. |

## 2-3 지금도 비가 오는 날이면 개굴개굴하고 운답니다

**❶ 잘 듣고 빈칸을 채우십시오.** (24쪽)

유언을 남기셨다.

**❷ 잘 듣고 빈칸에 쓰십시오.** (24쪽)

1) 세상을 떠났다 / 숨을 거두다
2) 잘못을 뉘우쳤다
3) 근심이 깊어졌다

**❹ 잘 듣고 답하십시오.** (25쪽)

② 다시 듣고 질문에 답하십시오.

1) ❶ ✔ 네
   ❷ ✔ 네
   ❸ ✔ 아니요
2) ❷
3) 엄마 청개구리의 무덤이 떠내려갈까 봐

**🔊 발음**

**2. 잘 듣고 보기와 같이 발음이 달라지는 곳에 밑줄을 그으십시오.** (26쪽)

1) 여행 <u>첫날</u>부터 비가 내려서 너무 우울했다.
2) 저녁 시간이 되면 어머니께서는 밥을 <u>짓느</u>라 바쁘셨다.
3) <u>빗물</u>이 떨어지는 소리가 노랫소리처럼 아름답게 들려요.

4) 옛날 옛날 깊은 산속에 홀어머니와 오누이가 살고 있었습니다.

**3. 잘 듣고 빈칸을 채우십시오.** (26쪽)

1) 뒷모습이
2) 먼 훗날
3) 바닷물에

**🎯 활동**

**1. 다음은 '해와 달이 된 오누이'라는 이야기의 일부입니다. 잘 듣고 일이 일어난 순서대로 번호(1-4)를 쓰십시오.** (27쪽)

❹ ➡ ❶ ➡ ❷ ➡ ❸

## 03 남녀 차이

## 3-1 원시 시대로 거슬러 올라가 원인을 찾아볼 수 있습니다

**✎ 다음 표를 완성하십시오.** (30쪽)

| | 시야의 특징 |
|---|---|
| 남자 | 가까이에 있는 물건을 찾지 못하지만 멀리 떨어진 건물은 잘 찾아감. |
| 여자 | 길을 못 찾아 헤매는 경우가 많지만 가까이에 있는 물건은 잘 찾음. |

## 3-2 여자는 대화를 원하기 때문에 갈등이 생기곤 하는 것이랍니다

**✎ 다음 표를 완성하십시오.** (31쪽)

| 대화 방식 | • 여자: 사소한 일까지 모두 이야기하려고 함.<br>• 남자: 말하지 않아도 이해해 줄 거라 생각해 자신의 속마음을 표현하지 않음. |
|---|---|
| 의사소통 어휘 수 | • 여자: 하루에 평균 8,000개의 단어를 말하고 약 12,000개의 몸짓과 표정을 사용함.<br>• 남자: 하루에 4,000개의 단어를 말하고 사용하는 몸짓, 표정의 수는 약 3,000개에 불과함. |

3-3 남녀의 대화 목적이 다르다는 게 무슨 말이야?

❶ 잘 듣고 빈칸을 채우십시오. (32쪽)

대화의 목적

❷ 잘 듣고 관계있는 것에 ✓를 하십시오. (32쪽)

1) ✓
2) ✓
3) ✓

❹ 잘 듣고 답하십시오. (33쪽)

② 다시 듣고 질문에 답하십시오.

1) ❶✓ 네
   ❷✓ 네
   ❸✓ 아니요
2) ❶
3) 정보 전달

### 발음

2. 잘 듣고 보기 와 같이 발음이 달라지는 곳에 밑줄을 그으십시오. (34쪽)

1) 종로에서 만나기로 했어요.
2) 청량리역에서 영화도 보고 쇼핑도 할 수 있어요.
3) 남자와 여자는 공감하는 능력에 차이가 있습니다.
4) 여자들은 자신의 심리 상태를 이해해 줄 때 화가 풀린다는 거지요.

3. 잘 듣고 빈칸을 채우십시오. (34쪽)

1) 음력
2) 대통령이
3) 강릉에

### 활동

1. 다음은 여자 언어 번역 앱에 관한 뉴스입니다. 잘 듣고 속뜻을 쓰십시오. (35쪽)

1) 나 이제 정류장에서 버스 타.
2) 나 지금 심심한데 시간 있어?
3) 이거 정말 갖고 싶다.
4) 나 지금 화났어.

## 04 사건과 사고

4-1 빈집털이 예방법을 소개해 드리겠습니다

❶ 알맞은 것을 고르십시오. (38쪽)

비우게, 순찰 서비스를, 주기적으로

❷ 다음 표를 완성하십시오. (38쪽)

| 빈집털이 예방법 | • 문단속하기<br>• 출입문 비밀번호 주기적으로 바꾸기<br>• 우편물이 쌓이지 않게 하기<br>• 전등이나 라디오 켜 두기<br>• 순찰 서비스 신청하기 |
|---|---|

4-2 길을 지나가던 사람이 크게 다쳤대

❶ 알맞은 것을 고르십시오. (39쪽)

1) 꺼지는
2) 구멍에
3) 대책이
4) 무리해서

❷ 다음 표를 완성하십시오. (39쪽)

| 사고의 내용 | 갑자기 땅이 꺼져서 길을 지나가던 사람이 크게 다침. |
|---|---|
| '땅 꺼짐' 사고의 원인 | 자연적으로 일어나는 경우도 있고 무리한 공사 때문에 일어나는 경우도 있음. |

4-3 지난밤 사건·사고 소식, 강혜리 기자입니다

❶ 잘 듣고 빈칸을 채우십시오. (40쪽)

조사 중

❷ 잘 듣고 알맞은 것을 찾아 번호(1-4)를 쓰십시오. (40쪽)

1) 1
2) 3
3) 2
4) 4

❹ 잘 듣고 답하십시오. (41쪽)

② 다시 듣고 질문에 답하십시오.

1) ❶✓ 아니요
   ❷✓ 네
   ❸✓ 아니요

2) ❸
3) 지하철 공사로 지하수가 빠져나가서

### 🔊 발음

2. 잘 듣고 보기 와 같이 발음이 달라지는 곳에 밑줄을 그으십시오. (42쪽)

1) 최근 맞벌이 부부의 증가로 외식 문화가 달라지고 있다.
2) 갑자기 걸어가다가 그런 일을 당했으니 얼마나 놀랐을까?
3) 대학로에 있는 경희 극단에서 새로운 공연을 준비하고 있다.
4) 이 식당은 맛있다는 입소문이 나서 멀리 지방에서도 찾아온다.

3. 잘 듣고 빈칸을 채우십시오. (42쪽)

1) 연장되었다
2) 잡동사니를
3) 걱정에

### 🎬 활동 (43쪽)

1. 다음은 화재 대피 방법입니다. 잘 듣고 빈칸을 채우십시오. (43쪽)

큰 소리로, 소화기를, 코와 입을, 계단을

## 05 유행

### 5-1 최근 유행에 민감한 남성들이 증가하고 있습니다

❶ 알맞은 것을 연결하십시오. (46쪽)

1) – ❷
2) – ❶
3) – ❸

❷ 다음 표를 완성하십시오. (46쪽)

| '그루밍족'의 의미 | 외모나 패션에 관심이 많아 관련 제품 구입을 위해 돈을 아끼지 않는 남자들 |
|---|---|
| '그루밍족' 현상을 반영한 마케팅 전략 | • 백화점: 남성 고객을 위한 이벤트 개최<br>• 화장품 회사: 남성용 화장품 출시 |

### 5-2 이 디자인 하나하나에는 실용적인 요소가 담겨져 있습니다

❶ 알맞은 것을 고르십시오. (47쪽)

1) 방수성이
2) 활동성을
3) 보온성을
4) 실용성을

❷ 다음 표를 완성하십시오. (47쪽)

| 트렌치코트의 유래 | 1차 세계대전 당시 군인들을 위해 만든 전투용 외투에서 유래됨. |
|---|---|
| 트렌치코트의 특징 | ❶ 어깨 부분: 이중으로 천을 덮어 보온성을 높임.<br>❷ 손목, 허리, 목 부분: 벨트가 부착되어 있어 외부 물질이 안으로 들어오지 못하게 하고 보온성도 높임.<br>❸ 소매 부분: 넓게 디자인하여 부상병을 치료하기 쉽게 함.<br>❹ 재질: 비와 바람에 대비하기 위해 방수 기능을 갖춘 독특한 재질의 천을 사용함. |

### 5-3 올가을 유행을 선도하는 세련된 패션을 완성해 보세요

❶ 잘 듣고 빈칸을 채우십시오. (48쪽)

유행을 타서

❷ 잘 듣고 빈칸에 쓰십시오. (48쪽)

1) 패션 스타일을
2) 이미지나 체형과
3) 개성이

❹ 잘 듣고 답하십시오. (49쪽)

2 다시 듣고 질문에 답하십시오.

1) ❶ ✓ 네
   ❷ ✓ 아니요
   ❸ ✓ 아니요
2) ❹
3) 자신이 가지고 있는 스카프나 넥타이, 선글라스를 활용해서 연출한다.

### 발음

**3. 잘 듣고 빈칸을 채우십시오.** (50쪽)

1) 방학에
2) 궁금해요
3) 남향집을

### 활동

**1. 다음은 유행에 대한 뉴스입니다. 잘 듣고 다음 표를 완성하십시오.** (51쪽)

| | '그루밍족'에 대한 뉴스 |
|---|---|
| 설문 조사 결과 | • 남성들이 한 달 동안 사용하는 화장품의 수: 13개<br>• 선크림을 바르는 남성: 50% 이상<br>• 다섯 명 중 1명은 스킨 케어 제품 사용<br>• 남성들도 피부 미용 시술의 주요한 소비자로 등장하고 있음. |
| 외모에 관심을 갖는 남자들이 증가하는 원인 | • 외모를 중시하는 사회 분위기가 남성들에게도 영향을 줌.<br>• 외모가 직장 생활에 영향을 준다고 생각해서 |

## 06 꿈과 직업

### 6-1 꿈을 이루기 위해 사업을 시작했습니다

**다음 표를 완성하십시오.** (54쪽)

| | 윤미선 씨의 성공 이야기 |
|---|---|
| 공무원을 그만둔 이유 | 스스로의 힘으로 회사를 만들고 싶다는 꿈을 이루기 위해 |
| 스팀 청소기 개발 계기 | 집안일을 할 때 걸레질 하는 것이 힘들고 귀찮았던 자신의 경험 때문에 스팀 청소기를 개발함. |
| 전하고 싶은 메시지 | 하고 싶은 일이 있다면 늦었다고 생각하지 말고 지금이라도 새로운 일에 도전해 보라. |

### 6-2 제 마음속에서 변화가 생기기 시작하더라고요

**① 알맞은 것을 연결하십시오.** (55쪽)

1) – ❸
2) – ❶
3) – ❹
4) – ❷

**다음 표를 완성하십시오.** (55쪽)

| 오지 여행을 시작하게 된 이유 | 사람들이 안 가 본 곳을 가 보고 싶었기 때문에 |
|---|---|
| 여행을 하면서 달라진 점 | 마음의 여유를 누리며 작은 것에도 감사하게 됨. |

### 6-3 주변의 반대 때문에 제 꿈을 포기할 수는 없었습니다

**① 잘 듣고 빈칸을 채우십시오.** (56쪽)

편견

**② 잘 듣고 일이 일어난 순서대로 번호를 쓰십시오.** (56쪽)

1) 4
2) 2
3) 1
4) 3

**④ 잘 듣고 답하십시오.** (57쪽)

② 다시 듣고 질문에 답하십시오.

1) ❶ ✔ 네
   ❷ ✔ 아니요
   ❸ ✔ 아니요

2) ❸

3) 자신의 손으로 소중한 우리의 문화재를 지켜 나가고 있다는 자부심이 있기 때문에

### 발음

**2. 잘 듣고 보기 와 같이 발음이 달라지는 곳에 밑줄을 그으십시오.** (58쪽)

1) 제 마음속에서 변화가 생기기 <u>시작했습니다</u>.
2) 몇 해 동안 그 친구를 한 번도 <u>보지 못했다</u>.
3) 익숙하지 않은 환경에서 생활하기가 <u>쉽지 않다</u>.
4) 대학교를 졸업하고 <u>한국 회사에 취직하고</u> 싶습니다.

**3. 잘 듣고 빈칸을 채우십시오.** (58쪽)

1) 솔직히
2) 옷 한 벌을
3) 노력하는

## 활동

1. 다음은 꿈에 대한 노래입니다. 잘 듣고 알맞은 것을 골라 빈칸을 채우십시오. (59쪽)

   잊어버리게, 날아가고, 싣고, 생각나

## 07 관광

**7-1** '의료 관광'이 새로운 관광 트렌드로 떠오르고 있는데요

① 관계있는 것을 고르십시오. (62쪽)
   1) 수술, 요양, 치료, 건강 검진
   2) 쇼핑, 공연 관람, 문화 체험, 문화재 관람

② 다음 표를 완성하십시오. (62쪽)

|  | 의료 관광 |
|---|---|
| 만족도가 높은 이유 | 저렴한 가격으로 높은 수준의 의료 서비스를 받을 수 있고 관광과 문화 체험을 할 수 있기 때문에 |
| 부정적인 현상 | 환자와 병원을 소개해 주고 지나치게 높은 수수료를 챙기는 불법 중개인이 등장함. |

**7-2** 왜 무영탑이라고 불리는지 아시나요?

① 알맞은 것을 고르십시오. (63쪽)
   1) 비친
   2) 그림자
   3) 쫓아갔지만
   4) 금기를

② 다음 표를 완성하십시오. (63쪽)

| 설화의 주인공과 배경 | 아사달, 아사녀, 신라 |
|---|---|
| 설화의 내용 | 석가탑을 만들러 간 남편 아사달을 만나서 신라로 갔지만 결국 남편을 만나지 못하고 아내가 죽음. |
| '무영탑'이라고 불리는 이유 | 아무리 기다려도 탑의 그림자가 나타나지 않았기 때문에 |

**7-3** 자, 그러면 이제 근정전 내부를 자세히 살펴볼까요?

① 잘 듣고 빈칸을 채우십시오. (64쪽)

   기록했던

② 잘 듣고 맞는 것에 ✓를 하십시오. (64쪽)
   1) ✓ 네
   2) ✓ 아니요
   3) ✓ 아니요

④ 잘 듣고 답하십시오. (65쪽)

   2 다시 듣고 질문에 답하십시오.
   1) ❶ ✓ 네
      ❷ ✓ 네
      ❸ ✓ 아니요
   2) ❶
   3) 왕과 왕비가 다스리는 조선의 영원한 발전을 기원함.

## 발음

2. 잘 듣고 보기 와 같이 발음이 달라지는 곳에 밑줄을 그으십시오. (66쪽)

   1) 이와 <u>관련된</u> 일화를 하나 말씀드릴게요.
   2) 석가탑에 대해서 <u>간략하게</u> 설명해 드리겠습니다.
   3) <u>한라산</u> 꼭대기에는 눈이 쌓여 있습니다.
   4) 휴대 전화가 고장 나서 <u>연락</u>을 할 수가 없었어요.

3. 잘 듣고 빈칸을 채우십시오. (66쪽)
   1) 실내에서는
   2) 난로가
   3) 한류의

## 활동

1. 다음은 관광지 안내원의 문화재 안내입니다. 잘 듣고 다음 표를 완성하십시오. (67쪽)

| 월지의 다른 이름 | 안압지 |
|---|---|
| 월지의 용도 | • 신라 시대에 왕자가 사용했던 궁<br>• 나라의 경사가 있을 때나 외국에서 오는 중요한 손님을 맞을 때 잔치를 하는 공간 |

## 08 스포츠

### 8-1 올림픽에서 메달 소식, 한번 기대해 보겠습니다

**❶ 알맞은 것을 고르십시오.** (70쪽)

1) 인연이
2) 실력이
3) 실수도
4) 메달을

**❷ 다음 표를 완성하십시오.** (70쪽)

| 올림픽 메달은 '하늘이 내린다'라고 하는 이유 | 4년에 한 번 열려 메달을 따기 힘든 데다가 실력 외에도 경기 결과에 영향을 미치는 원인이 많아 경기 결과를 예상하기 어렵기 때문에 |
|---|---|

### 8-2 오늘 경기 소감을 말씀해 주시죠

**❶ 반대말을 찾아 연결하십시오.** (71쪽)

1) – ❷
2) – ❶
3) – ❸
4) – ❹

**❷ 들은 내용을 메모하십시오.** (71쪽)

- 후반에 힘든 경기를 하게 된 이유는?
  (후반에 수비 실수가 있었기 때문임.)
- 경기에서 이길 수 있었던 비결은?
  (선수들이 끝까지 집중력을 잃지 않고 끝까지 경기에 뛰어 줬고 공격과 수비의 빠른 전환이 이루어졌기 때문임.)
- 앞으로의 각오는?
  (끝까지 최선을 다해서 남은 시즌 좋은 경기를 계속 보여 드리겠음.)

### 8-3 최근 김지훈 선수 활약이 대단해요

**❶ 잘 듣고 빈칸을 채우십시오.** (72쪽)

치열할

**❷ 잘 듣고 빈칸에 쓰십시오.** (72쪽)

1) 순위가
2) 기록에
3) 선발
4) 활약을

**❹ 잘 듣고 답하십시오.** (73쪽)

② 다시 듣고 질문에 답하십시오.
1) ❶ ✓ 네
   ❷ ✓ 아니요
   ❸ ✓ 네
2) ❷
3) ❸

### 🔊 발음

3. 잘 듣고 빈칸을 채우십시오. (74쪽)

흥미진진합니다, 없는데요, 궁금합니다, 됩니다

### 🏃 활동

1. 다음은 한국 응원 문화에 대한 방송입니다. 잘 듣고 다음 표를 완성하십시오. (75쪽)

| 한국 야구장의 응원 문화 | • 노래: 응원가<br>• 복장: 유니폼<br>• 응원 방법: 율동, 선수 이름 부르기 |
|---|---|

## 09 취업

### 9-1 자기 소개서를 쓸 때는 단어 하나도 신중하게 선택해야 돼요

**❶ 알맞은 것을 고르십시오.** (78쪽)

1) 적응할
2) 구체적으로
3) 신중하게
4) 낙천적이라서

**❷ 다음 표를 완성하십시오.** (78쪽)

| 자기 소개서를 쓸 때의 주의점 | • 자신만이 가지고 있는 특별한 경험을 구체적으로 써야 함.<br>• 단어 선택에 주의해야 함.<br>• 일에 대한 열정이 드러나도록 확실한 지원 동기를 써야 함. |
|---|---|

### 9-2 공공 기관 채용 박람회가 열렸는데요

**❶ 알맞은 것을 고르십시오.** (79쪽)

방식, 현장, 제한, 구직자

📝 **다음 표를 완성하십시오.** (79쪽)

| 공공 기관이 구직자에게 인기 있는 이유 | 연령과 학력에 제한 없이 지원 가능하고 정년이 보장되어서 |
|---|---|
| 채용 박람회에서 얻을 수 있는 정보 | 근무 조건과 채용 방식에 대한 다양한 정보 |

## 9-3 인성이 좋아야 회사 생활도 잘할 수 있을 테니까

❶ 잘 듣고 빈칸을 채우십시오. (80쪽)

업무 능력

❷ 잘 듣고 빈칸에 쓰십시오. (80쪽)

| 1위 | 인성 |
| 2위 | 업무 능력 |
| 3위 | 인턴 경험 |

❹ 잘 듣고 답하십시오. (81쪽)

② 다시 듣고 질문에 답하십시오.
1) ❶ ✓ 아니요
　❷ ✓ 네
　❸ ✓ 네
2) ❷, ❹
3) 면접에서 어떻게 대답을 할지 준비하라고 조언함.

🔊 **발음**

2. 잘 듣고 [보기]와 같이 발음이 달라지는 곳에 밑줄을 그으십시오. (82쪽)

1) 저는 팥이 들어간 아이스크림을 좋아해요.
2) 갑자기 정전이 되어 10분 동안 승강기에 갇혀 있었어요.
3) 집 안을 샅샅이 뒤졌지만 잃어버린 물건을 찾을 수 없었다.
4) 이렇게 굳이 어린 시절부터 지금까지의 일을 상세하게 다 쓸 필요는 없어요.

3. 잘 듣고 빈칸을 채우십시오. (82쪽)

1) 끝이
2) 같이
3) 붙여
4) 닫혀

👥 **활동**

1. 다음은 직장 생활에 대한 설문 조사 결과입니다. 잘 듣고 빈칸을 채우십시오. (83쪽)

1) ❶ 이건 제 일 아닌데요.
　❷ 저도 지금 바쁜데요.
2) ❶ 그냥 시키는 대로 해.
　❷ 그동안 뭐 했어? 빨리 좀 해.

## 10 인생과 가치관

### 10-1 인생에서 가장 중요한 것은 행복한 가정이라고 답했습니다

❶ 알맞은 것을 고르십시오. (86쪽)

주제로, 조사는, 대상으로, 결과를, 분석했다

📝 다음 표를 완성하십시오. (86쪽)

| 설문 주제 | 한국인의 인생관 (인생에서 가장 중요한 것, 가치 있는 인생) |
|---|---|
| 설문 결과 분석 | 한국 국민들이 경제적인 성공보다 가정의 행복이나 자아실현과 같은 내면적인 것을 더 중요하게 여긴다는 것을 알 수 있음. |

### 10-2 노후 준비를 위한 강연이 인기를 끌고 있습니다

❶ 관계있는 것을 고르십시오. (87쪽)

1) 젊다, 이십 대, 젊은이, 방황, 꿈, 도전, 열정
2) 늙다, 육십 대, 노인, 은퇴, 죽음, 여유

📝 다음 표를 완성하십시오. (87쪽)

| 강연 주제 | 노후 준비 |
|---|---|
| 강연을 듣는 사람 | 20대의 청년들/ 대학생들 |
| 강연을 들은 후의 소감 | • 노년기의 인생에 대해 진지하게 생각해 보게 됨.<br>• 이번 강연에서 노년기의 삶에 대한 구체적인 정보를 들을 수 있어서 좋았음.<br>• 지금부터 계획을 잘 세워서 열심히 살아야겠다고 생각함. |

## 10-3 자기 인생의 버킷 리스트를 가지게 됐으면 좋겠습니다

**1** 잘 듣고 빈칸을 채우십시오. (88쪽)

　목록

**2** 잘 듣고 빈칸을 채우십시오. (88쪽)

　1) 죽음을 바로 눈앞에 둔
　2) 바쁜 일상에 지쳐 삶의 의미를 잃어버린

**4** 잘 듣고 답하십시오. (89쪽)

　② 다시 듣고 질문에 답하십시오.
　　　1) ❶ ✔ 아니요
　　　　 ❷ ✔ 네
　　　　 ❸ ✔ 아니요
　　　2) ❷
　　　3) 기회, 구체적, 목표

### 발음

3. 잘 듣고 빈칸을 채우십시오. (90쪽)

　1) 결단력이
　2) 젊다고
　3) 학생증에, 신분증의

### 활동 (91쪽)

1. 다음은 버킷 리스트 작성법에 대한 대화입니다. 잘 듣고 다음 표를 완성하십시오. (91쪽)

| 버킷 리스트를 작성하는 방법 |
|---|
| • 시간이 날 때마다 하나씩 생각나는 대로 씀. |
| • 다른 사람이 쓴 내용을 참고함. |
| • 주제를 몇 개 정하고 그 안에 들어갈 작은 내용들을 채움. |

# 듣기 지문

## 01 대중문화

### 1-1 콘서트 현장에 나와 있습니다

**2. 콘서트 소식을 전하는 방송입니다. 잘 들으십시오.** (14쪽)

track 001

리포터: 시청자 여러분! 안녕하십니까? 저는 지금 아이돌 그룹 '베스트'의 콘서트 현장에 나와 있습니다. 이번 콘서트는 데뷔한 지 3년 만에 열리는 '베스트'의 첫 콘서트인데요. 오늘 콘서트에서는 베스트의 히트곡을 모두 들을 수 있을 뿐만 아니라 평소 잘 볼 수 없었던 멤버들의 개인 무대도 만나 볼 수 있다고 합니다. 그리고 하나 더! 베스트는 오랫동안 새 음반을 기다려 온 팬들을 위해 오늘 콘서트에서 신곡을 공개한다고 하는데요. 어떤 노래일지 무척 궁금해집니다. '베스트'는 오늘 콘서트를 시작으로 3집 음반 홍보를 위해 음악 방송, 라디오 방송, 쇼 프로그램 등에도 출연할 예정인데요. 1년 만에 새 음반을 가지고 돌아온 '베스트', 앞으로 멋진 활동 기대하겠습니다.

### 1-2 연기에 대한 자신감도 많이 생겼고요

**2. 배우와의 인터뷰입니다. 잘 들으십시오.** (15쪽) track 002

리포터: 지호 씨, 지난주에 주인공으로 출연한 드라마 '천생연분'이 드디어 대단원의 막을 내렸어요. 드라마가 시청자들에게 엄청난 인기를 끌었는데 소감이 어떠세요?

배  우: 사실 이번에 처음으로 주연을 맡게 돼서 드라마 시작 전에는 하나부터 열까지 다 걱정됐었어요. 그런데 많은 분들이 우리 드라마를 사랑해 주셔서 무척 기쁘고 행복합니다. 연기에 대한 자신감도 많이 생겼고요.

리포터: 그러시군요. 그런데 상대역으로 출연한 서하늘 씨하고 무척 잘 어울리시던데 함께 연기하는 건 어떠셨어요?

배  우: 하늘 씨하고는 역할에 대한 이야기도 많이 하고 대본 연습도 자주 해서 연기할 때 호흡이 잘 맞았어요. 기회가 된다면 다른 작품에서도 다시 한 번 같이 연기했으면 좋겠습니다.

리포터: 그럼 마지막으로 질문 하나만 더 할게요. 앞으로는 어떤 역할을 해 보고 싶으세요?

배  우: 사실 지금까지는 대학생이나 회사원 같은 평범한 역할을 많이 했었는데요. 이제는 좀 다른 역할을 해 봤으면 좋겠어요. 음…. 천재 예술가나 다혈질의 형사 역할을 해 보고 싶어요.

### 1-3 이번 주 목요일 개봉을 앞두고 있는데요

**1. 잘 듣고 빈칸을 채우십시오.** (16쪽) track 003

리포터: 자, 지난주에 개봉한 한국 영화 '멋진 하루'의 흥행이 예상됩니다. 개봉 첫 주에만 50만 명 이상의 관객들이 '멋진 하루'를 관람했는데요. 영화가 재미있고 완성도가 높다는 입소문이 나서 관객 수가 꾸준히 증가하고 있습니다. 개봉 후 지금까지 관객 수 1위를 기록하고 있는데요. 과연 얼마나 흥행에 성공할지 기대가 됩니다.

**2. 잘 듣고 알맞은 것을 고르십시오.** (16쪽) track 004

빌리: 유진 씨, 어제 본 영화는 어땠어요?
유진: 아, 시사회 반응도 좋고 평점도 높아서 기대했는데 역시 재미있더라고요. 빌리 씨도 한번 보세요.
빌리: 저도 보고 싶긴 한데 조선 시대 얘기니까 외국인인 제가 보기에는 좀 어렵지 않을까요?
유진: 음…. 그럴지도 모르겠네요. 그럼 줄거리를 인터넷에서 먼저 찾아보고 가세요. 저도 가끔 내용이 어려운 영화를 보기 전에 그렇게 하는데 줄거리를 알고 보면 내용이 쉽게 이해되더라고요.

**3. 영화를 소개하는 방송입니다. 잘 들으십시오.** (16쪽)

track 005

진 행 자: 영화의 계절! 여름이 돌아왔습니다. 올여름 엄청난 제작비를 들여 만든 많은 대작 영화들 사이에서 작지만 최고의 기대작으로 관객들의 관심을 끌고 있는 영화 '지금은 요리 중'. 그 흥미진진하고 감동적인 이야기가 드디어 공개됩니다. 함께 보시지요.

내레이터: 영화 '지금은 요리 중'의 주인공 유나. 스무 살 유나의 꿈은 최고의 한식 요리사가 되는 것입니다. 하지만 어려운 집안 형편 때문에 요리 학교에 다니는 것은 꿈도 꿀 수 없는 상황. 그런데 이런 유나에게 좋은 기회가 찾아옵니다. 바로 한국 최고의 요리사, 갑수의 식당에 취직하게 된 것입니다. 이곳에서 유나가 하는 일은 주방 청소와 설거지뿐입니다. 하지만 유나는 언젠가 훌륭한 요리사가 될 수 있다고 믿으며 최선을 다합니다. 그러던 어느 날 이 식당에 또 한 명의 주인공 세훈이 등장합니다. 사실 세훈은 갑수의 아들입니다. 갑수는 세훈에게 요리사가 되라고 하지만 세훈은 요리에 관심이 없습니다. 게다가 요리는 가르쳐 주지 않고 청소와 설거지만 시키는 아버지를 이해할 수도 없습니다. 늘 열심히 일하는 유나와 그런 유나를 무시하며 일도 하기 싫어하는 세훈, 두 사람은 하루

에도 몇 번씩 싸우게 됩니다. 그런데 갑수는 이런 유나와 세훈에게 한 가지 제안을 합니다. 바로 한 팀으로 요리 대회에 참가하라는 것. 그리고 갑수는 요리 대회에서 우승을 하면 각자의 소원을 한 가지씩 들어주겠다고 약속을 합니다. 과연 유나와 세훈은 함께 요리 대회에 참가해서 우승할 수 있을까요?

진 행 자: 영화 '지금은 요리 중'은 지난주 열린 시사회에서 관객들에게 높은 평점을 받았는데요. 벌써 재미있다는 입소문이 나서 흥행에 대한 기대가 커지고 있습니다. 이번 주 목요일 개봉을 앞두고 있는데요. 가족과 함께, 연인과 함께 이번 주말 영화관 나들이를 계획하셨다면 예매를 서두르셔야 할 것 같습니다.

5. 듣고 따라 하십시오. (17쪽)                            track 008
   1) 그 흥미진진하고 감동적인 이야기가 드디어 공개됩니다.
   2) 유나는 언젠가 훌륭한 요리사가 될 수 있다고 믿으며 최선을 다합니다.
   3) 지난주 열린 시사회에서 관객들에게 높은 평점을 받았는데요.

## 활동

1. 다음은 영화 예고편입니다. 잘 듣고 알맞은 것을 찾아 번호(1-3)를 쓰십시오. (19쪽)           track 012
   ❶ 말해 봐. 그때 왜 날 떠났어?
      널 사랑했으니까.
      우리 다시 사랑할 수 있을까?
      내 생애 최고의 봄날
      '봄날의 사랑'
      희미한 첫사랑의 기억이 되돌아옵니다.
      4월 대 개봉
      15세 관람 가
   ❷ 올여름 단 하나의 숨 막히는 공포 영화
      너도 들리니? 저 소리?
      나 여기에서 나가고 싶어. 무서워.
      들어온 이상 나갈 수 없다.
      당신을 공포의 집으로 초대합니다.
      영화 '검은 집'
      7월 대 개봉
      18세 이상 관람 가
   ❸ 웃음, 재미 그리고 진한 감동까지!
      역대 최고 흥행 애니메이션.
      악당과 싸워 이길 자! 그 누구인가?
      올 추석의 재미는 우리 부부가 책임진다.
      '슈퍼 액션 부부 2'
      절찬 상영 중
      전체 관람 가

## 02 이야기

### 2-1 아주 먼 옛날 마음씨 착한 나무꾼이 살고 있었어요

2. 착한 나무꾼 이야기입니다. 잘 들으십시오. (22쪽)
                                                track 013
   구연가: 옛날 아주 먼 옛날 어느 작은 마을에 마음씨 착한 나무꾼이 살고 있었어요. 어느 날 나무를 하러 간 나무꾼은 나무를 베기 위해 힘껏 도끼를 휘둘렀어요. 그런데 그만 도끼가 손에서 미끄러지면서 연못 속으로 퐁당 빠져 버리고 말았어요. "아이고. 어떡하나. 도끼가 없으면 이제 나무를 할 수 없는데. 이제 망했구나."라며 나무꾼이 한참을 울고 있는데 연못에서 산신령이 나타났어요. "너는 누군데 여기서 이렇게 울고 있느냐?" "저는 아랫마을에 사는 나무꾼인데 나무를 하다가 도끼를 연못 속에 빠뜨렸습니다. 하나밖에 없는 도끼인데 그 도끼를 잃어버려 앞으로 살길이 막막해 울고 있었습니다." "어허. 그렇게 소중한 도끼란 말이냐? 그렇다면 잠시 기다려 보거라."

### 2-2 '개구리가 울면 비가 온다'는 말이 있습니다

2. 날씨 관련 이야기에 대한 방송입니다. 잘 들으십시오. (23쪽)
                                                track 014
   아나운서: '개구리가 울면 비가 온다'는 말이 있습니다. 과연 사실일까요? 실제 한 통계에 따르면 개구리가 울기 시작한 지 30시간 이내에 비가 올 확률이 70%가 넘는다고 합니다. 비가 올 때 개구리가 우는 데에는 여러 가지 이유가 있는데요. 그 중 대표적인 이유 하나는 개구리의 호흡법 때문이라고 하네요. 개구리는 허파와 피부로 같이 호흡을 하는데 피부가 젖었을 때 산소를 더 잘 흡수하게 되어 숨을 쉬기 편해진다고 합니다. 그래서 비가 오기 전에 습도가 높아지면 피부가 축축해져 숨을 쉬기 편해진 개구리가 힘이 나서 큰소리로 우는 것이지요. 그러니까 비가 오기 전에 개구리가 운다는 말은 과학적인 근거가 있는 말입니다. 앞으로 개구리가 우는 소리를 들으신다면 그날은 외출하실 때 우산을 꼭 챙기셔야 할 것 같습니다.

### 2-3 지금도 비가 오는 날이면 개굴개굴하고 운답니다

1. 잘 듣고 빈칸을 채우십시오. (24쪽)              track 015
   아버지: 얘들아. 이제 내가 죽을 날이 얼마 남지 않은 것 같구나. 너희들에게 남길 마지막 유언이 있으니 꼭 들어 다오. 내가 이 세상을 살면서 가장 행복했던

순간은 가진 것을 다른 사람과 나눌 때였던 것 같구나. 그러니 내 마지막 가는 길에도 그런 행복을 나눌 수 있도록 얼마 안 되는 재산이지만 어려운 이웃들에게 모두 나누어 주거라.

## 2. 잘 듣고 빈칸에 쓰십시오. (24쪽)   track 016

구연가: 아버지는 숨을 거두기 전 세 아들을 불러 모았어요. "얘들아, 내가 가진 것이라고는 이 방앗간과 집 그리고 고양이 한 마리뿐이구나. 첫째에게는 방앗간을, 둘째에게는 이 집을. 그리고 막내에게는 이 고양이를 남겨 줄 테니 서로 사이좋게 잘 지내도록 하거라." 이렇게 마지막 유언을 남기고 아버지는 세상을 떠나고 말았어요. 세 아들은 그동안 아버지께 효도하지 못한 자신들의 잘못을 뉘우치며 매우 슬퍼했어요. 아버지가 돌아가신 뒤 막내아들은 앞으로 어떻게 살아야 할지 근심이 점점 깊어졌어요. "형들에게는 방앗간이랑 집을 주시고 왜 나한테는 이런 쓸모없는 고양이를 주신 거야. 앞으로 나는 뭘 먹고 살지?"

## 3. 효에 관한 옛날이야기입니다. 잘 들으십시오. (24쪽)   track 017

구연가: 옛날에 엄마 청개구리와 아들 청개구리가 살았어요. 그런데 아들 청개구리는 엄마 청개구리가 말을 하면 무엇이든 거꾸로 하는 말썽꾸러기였답니다. 학교에 가라고 하면 산으로 놀러 가고 산에서 놀라고 하면 냇가에서 놀고…. 이렇게 아들 청개구리가 엄마의 말을 듣지 않자 엄마 청개구리의 근심은 날마다 깊어졌어요. 하루는 엄마 청개구리가 아들 청개구리에게 우는 법을 가르쳐 주려고 했어요. "자, 엄마를 따라 큰 소리로 울어 보렴. 개굴개굴." 그러나 아들 청개구리는 또 반대로 "굴개굴개"하고 울어 댔지요. 그러던 어느 날 엄마 청개구리가 병에 걸리고 말았어요. 날이 갈수록 병이 깊어진 엄마 청개구리는 아들 청개구리를 불러 이야기했어요. "아들아, 이제 내가 살날이 얼마 남지 않은 것 같구나. 마지막으로 부탁이 있으니 꼭 들어 다오. 내가 죽거든 산에 묻지 말고 꼭 냇가에 묻어 다오." 이렇게 마지막 유언을 남기고 엄마 청개구리는 그만 숨을 거두었어요. 엄마 청개구리는 아들 청개구리가 항상 거꾸로 행동을 해 냇가에 묻으라고 하면 산에 묻을 거라고 생각한 거예요. 이를 모르는 아들 청개구리는 엄마 청개구리가 죽자 자신의 잘못을 뉘우치며 매우 슬퍼했어요. "엉엉엉. 내가 엄마 속을 썩여서 엄마가 돌아가신 거야. 엄마 말씀을 잘 들었어야 했는데…." 아들 청개구리는 엄마 청개구리가 세상을 떠나며 남긴 마지막 유언이라도 꼭 들어 드려야겠다고 생각했답니다. 그래서 엄마 청개구리를 정성껏 냇가에 묻었어요. "엄마, 정말 잘못했

어요. 용서해 주세요." 그런데 얼마 후 시커먼 구름이 몰려오더니 비가 내리기 시작했어요. 냇물은 금세 불어나 엄마 청개구리의 무덤 앞까지 차올랐어요. 이를 본 아들 청개구리는 엄마의 무덤이 떠내려갈까 봐 이리 뛰고 저리 뛰며 슬프게 울었습니다. 지금도 비가 오는 날이면 청개구리는 냇가에서 개굴개굴하고 운답니다.

## 5. 듣고 따라 하십시오. (25쪽)   track 020

1) 아들 청개구리는 엄마 청개구리가 말을 하면 무엇이든 거꾸로 하는 말썽꾸러기였답니다.
2) 아들 청개구리는 엄마 청개구리가 죽자 자신의 잘못을 뉘우치며 매우 슬퍼했어요.
3) 지금도 비가 오는 날이면 청개구리는 냇가에서 개굴개굴하고 운답니다.

## 🎨 활동

### 1. 다음은 '해와 달이 된 오누이'라는 이야기의 일부입니다. 잘 듣고 일이 일어난 순서대로 번호(1-4)를 쓰십시오. (27쪽)   track 024

구연가: 옛날 옛날 깊은 산속에 홀어머니와 오누이가 살고 있었어요. 하루는 어머니가 잔칫집에 일을 하러 갔다가 밤늦게 집으로 돌아오는 길이었어요. "벌써 날이 이렇게 어두워졌네. 빨리 가야지. 애들이 배고플 텐데…." 어머니는 잔치 음식이 담긴 바구니를 머리에 이고 산길을 부지런히 걸었어요. 그런데 어머니가 첫째 고개를 넘을 때 커다란 호랑이 한 마리가 갑자기 나타났어요. "어흥! 떡 하나 주면 안 잡아먹지." 어머니는 깜짝 놀라서 심장이 멎을 뻔했지만 정신을 차리고 얼른 떡 하나를 호랑이에게 집어 주었어요. 호랑이는 떡을 꿀꺽 삼키고 가 버렸어요. 조금 후 어머니가 둘째 고개를 막 넘어가려는데 아까 그 호랑이가 다시 나타나서는 "어흥! 떡 하나 주면 안 잡아먹지." 하는 것이었어요. 어머니는 또 다시 떡을 하나 던져 주었고 이번에도 호랑이는 떡을 먹고 가 버렸어요. 그 후에도 어머니가 고개를 넘을 때마다 계속 호랑이가 나타났고 결국 떡이 모두 없어지자 호랑이는 "아직도 배가 고픈 걸. 이제 떡이 없으니 너라도 잡아먹어야겠다!"하며 어머니를 꿀꺽 삼켜 버렸어요. 그런데 이게 끝이 아니었어요. 호랑이는 어머니를 잡아먹고 나서 어머니의 치마저고리를 입었어요. 그리고 오누이를 잡아먹기 위해 오누이가 있는 집으로 갔어요.

## 03 남녀 차이

### 3-1 원시 시대로 거슬러 올라가 원인을 찾아볼 수 있습니다

**2. 남녀의 시야 차이에 대한 방송입니다. 잘 들으십시오. (30쪽)**
track 025

진행자: 찾고 있는 물건을 코앞에 두고도 발견하지 못하는 남자! 길을 못 찾아 계속 헤매는 여자! 공감하는 분들이 많으실 텐데요. 남자들은 가까이에 있는 물건은 잘 찾지 못하는데 멀리 떨어져 있는 건물은 잘 찾아갑니다. 반대로 여자들은 길을 못 찾아 헤매는 경우가 많지만 가까이에 있는 물건은 잘 찾아내지요. 이러한 남녀의 시야 차이는 원시 시대로 거슬러 올라가 그 원인을 찾아볼 수 있습니다. 원시 시대에 사냥을 했던 남자는 멀리 떨어져 있는 동물을 잡는 데 집중했기 때문에 먼 곳에 있는 목표물에 민감해졌고요. 여자는 집안에 머물면서 집 근처에서 일어나는 위험에 대처해야 했기 때문에 주변의 상황에 민감해졌다고 합니다.

### 3-2 여자는 대화를 원하기 때문에 갈등이 생기곤 하는 것이랍니다

**2. 남녀의 대화 방식 차이에 대한 방송입니다. 잘 들으십시오. (31쪽)**
track 026

리포터: 어제 저녁에도 부인과 작은 말다툼을 하셨다고요? 그런데 이렇게 남녀 사이에서 일어나는 말다툼의 원인은 대화 방식 차이 때문인 경우가 많다고 합니다. 여자는 사랑하는 사람이 생기면 사소한 일까지 모두 이야기하려고 하지만 남자는 사랑하는 사람이라면 말하지 않아도 이해해 줄 거라 생각해 자신의 속마음을 잘 표현하지 않습니다.
남녀의 의사소통에 대한 연구 결과에 의하면 여자는 하루에 평균 8,000개의 단어를 말하고 약 12,000개의 표정과 몸짓을 사용한다고 합니다. 하지만 남자는 하루에 4,000개의 단어를 말하고 사용하는 몸짓과 표정의 수도 약 3,000개에 불과해서 여자가 사용하는 단어, 몸짓, 표정의 수에 비해 약 삼분의 일 정도의 수준이라고 하네요.
이러한 차이는 하루 일과가 끝나고 집에 돌아가면 더욱 분명하게 나타나는데요. 하루 동안 사용할 모든 단어를 사용한 남자는 조용한 휴식을 원하지만 아직 할 말이 많이 남아 있는 여자는 대화를 원하기 때문에 저녁 식사 시간에 갈등이 생기곤 하는 것이랍니다.

### 3-3 남녀의 대화 목적이 다르다는 게 무슨 말이야?

**1. 잘 듣고 빈칸을 채우십시오. (32쪽)**
track 027

남자: 아니. 도대체 질문의 목적이 뭔데? 밥 먹었냐고 물어봐서 나는 밥 먹었다고 대답한 건데 왜 화를 내는 거야?
여자: 자기는 나랑 이야기하는 게 싫어? 내가 뭘 물어볼 때마다 그렇게 짧게 짧게 대답만 하지 말고 자기 얘기를 좀 더 해 주면 좋잖아. 나는 자기랑 이야기를 더 하고 싶었던 거라고.

**2. 잘 듣고 관계있는 것에 ✔를 하십시오. (32쪽)**
track 028

라디오 DJ: 자, 사연 잘 들었습니다. 미안하다고 말해도 화를 풀지 않는 여자 친구 때문에 고민이라는 박지훈 님. 제가 어떤 책에서 읽은 건데요. 남자와 여자는 화를 푸는 방식이 다르다고 해요. 남자는 잘못을 했을 때 자신이 사과를 하면 여자의 화가 풀릴 거라고 생각하지만 이건 남자의 생각입니다. 여자는 단순히 남자 친구가 미안하다고 말을 하는 것보다 '네가 이런 것 때문에 화가 많이 났겠구나'와 같이 화가 난 자신의 감정과 심리 상태를 이해해 줄 때 화가 풀린다는 거지요. 이걸 모르는 남자는 사과부터 하는데요. 이제부터는 무조건 사과만 하지 말고 여자 친구의 이야기에 귀를 기울이면서 공감을 표시해 보세요. 그러면 아마 여자 친구분이 화를 푸실 거예요. 여자들은 상대방이 진심으로 자신을 이해하고 있다고 생각하면 금방 마음이 풀리거든요. 자, 그럼 여자 친구분과 커피 드시면서 화해하시라고 박지훈 님께 〈커피마을〉상품권 두 장 보내 드리겠습니다. 그럼 저는 광고 듣고 다시 올게요.

**3. 남녀의 의사소통 방식 차이에 대한 대화입니다. 잘 들으십시오. (32쪽)**
track 029

지훈: 가끔 여자 친구를 이해하기가 힘들어. 정말 알다가도 모르겠다니까.
유진: 왜?
지훈: 아니 어제 별로 중요하지 않은 이야기를 구구절절 하는 거야. 그래서 조금 건성으로 말했더니 자기 이야기를 안 들어준다면서 막 화를 내잖아.
유진: 그래? 지난번에 TV에서 봤는데 남녀의 대화 목적이 다르긴 하다고 하더라.
지훈: 남녀의 대화 목적이 다르다는 게 무슨 말이야?
유진: 남자는 대화를 할 때 정보를 전달하는 걸 중요하게 생각하는데 여자들은 공감하는 걸 중요하게 생각한대. 사실 나도 남자 친구가 내가 묻는 말에 대답만 짧게 하면 약간 서운할 때가 있거든.
지훈: 그래? 꼭 필요한 말을 하는 게 대화에서 중요한 거 아닌가? 나는 오히려 여자들이 왜 그렇게 오랫동안

수다를 떠는지 그게 이상했는데….
유진: 수다가 바로 서로 공감하는 과정인 거야. 대화가 꼭 용건이 있어서 하는 건 아니잖아? 서로 이야기를 나누면서 "아, 정말?", "아이고, 어떡해.", "어~ 그랬구나." 이렇게 맞장구도 쳐주고 해야 진정한 대화지. 안 그래?
지훈: 아, 그래서 어제 여자 친구가 그렇게 화를 냈구나.
유진: 왜? 무슨 일 있었어?
지훈: 여자 친구가 며칠 야근을 해서 몸이 좀 안 좋았거든. 몸이 아픈데 일도 많아서 힘들다면서 이 얘기 저 얘기 하는데 내가 병원이나 빨리 가 보라고 했거든.
유진: 저런. 그렇게 말하면 안 되지. "정말? 어떡해…. 일이 많아서 힘들겠다. 많이 아파?"라고 말했어야지. 지금이라도 다시 전화해서 위로해 줘.

5. 듣고 따라 하십시오. (33쪽)    track 032
 1) 지난번에 TV에서 봤는데 남녀의 대화 목적이 다르긴 하다고 하더라.
 2) 남자는 대화를 할 때 정보를 전달하는 걸 중요하게 생각하는데 여자들은 공감하는 걸 중요하게 생각한대.
 3) 나는 오히려 여자들이 왜 그렇게 오랫동안 수다를 떠는지 그게 이상했는데….

## 활동

1. 다음은 여자 언어 번역 앱에 관한 뉴스입니다. 잘 듣고 속뜻을 쓰십시오. (35쪽)    track 036
 리포터: 재미있는 IT 세상! 오늘 전해 드릴 소식은요. 재미있는 휴대폰 어플리케이션 개발 소식입니다. 최근에 여자의 말이 무슨 의미인지 이해하기가 어렵다는 남자분들을 위해 여자 언어 번역 앱이 개발되었다고 합니다. 여자들의 언어를 번역한다니 무슨 말일까요? 이 앱은 여자들이 많이 하는 말과 거기에 숨겨진 진짜 의미가 나와 있는데요. 자, 여기 이 화면을 보시죠. "거의 다 왔어."를 클릭하면 "나 이제 정류장에서 버스 타.", "나 지금 혼자 있어."는 "나 지금 심심한데 시간 있어?", "이거 정말 예쁘다."는 "이거 정말 갖고 싶다." 그리고 "잠깐 얘기 좀 해."는 "나 지금 화났어."라고 번역돼 나오네요. 의사소통 문제로 다퉈 본 경험이 있는 연인분들! 연인끼리 재미로 한번 해 보시는 것도 좋겠네요. 지금까지 재미있는 IT 세상의 김연호였습니다. 다음 주에 다시 찾아오겠습니다. 감사합니다.

## 04 사건과 사고

### 4-1 빈집털이 예방법을 소개해 드리겠습니다

2. 빈집털이 예방법에 대한 방송입니다. 잘 들으십시오. (38쪽)    track 037
 경찰: 안녕하십니까? 서울지방경찰청 이민호 경위입니다. 이번 시간에는 빈집털이 예방법을 소개해 드리겠습니다. 빈집털이를 예방하는 가장 기본적인 방법은 문단속입니다. 외출을 하거나 장기간 집을 비우실 때에는 출입문은 물론 창문도 잘 잠겨 있는지 확인하시는 것이 중요합니다. 또한 출입문의 비밀번호도 주기적으로 바꾸어 비밀번호가 타인에게 노출되지 않도록 해야 합니다. 집을 장기간 비우실 경우에는 이웃에게 부탁하여 집 앞에 우편물이 쌓이지 않도록 하고 전등이나 라디오를 켜 두어 집에 사람이 있는 것처럼 보이게 하는 것도 좋습니다. 또 요즘에는 관할 경찰서에서 장기간 집을 비우는 주민들을 위해 순찰 서비스를 제공하고 있으니 이용해 보시기 바랍니다. 감사합니다.

### 4-2 길을 지나가던 사람이 크게 다쳤대

2. '땅 꺼짐' 사고에 대한 대화입니다. 잘 들으십시오. (39쪽)    track 038
 유진: 어제 그 뉴스 봤어? 갑자기 땅이 꺼져서 길을 지나가던 사람이 크게 다쳤대.
 지훈: 그래. 나도 어제 뉴스를 보고 깜짝 놀랐어. 구멍이 2m가 넘는다면서?
 유진: 응. 갑자기 걸어가다가 그런 일을 당했으니 얼마나 놀랐을까?
 지훈: 그러게 말이야. 요즘 땅 꺼짐 사고가 자주 일어나는 것 같아. 얼마 전에 우리 집 근처에서도 비슷한 사고가 있었잖아.
 유진: 참. 그랬지? 사고 얘기를 들은 후로는 길을 걸어 다니기가 무섭더라고. 그런데 왜 자꾸 이런 사고가 나는 거야?
 지훈: 어제 뉴스를 보니까 여러 가지 원인이 있다고 하더라고. 자연적으로 일어나는 경우도 있고 무리한 공사 때문인 경우도 있고.
 유진: 자연적인 건 어쩔 수 없지만 공사 때문에 일어나는 건 빨리 대책을 세워야겠다.

### 4-3 지난밤 사건·사고 소식, 강혜리 기자입니다

1. 잘 듣고 빈칸을 채우십시오. (40쪽)    track 039
 남자: 어제 가수 김태민이 교통사고를 냈다면서? 얼마 전에도 음주 운전을 해서 문제가 되지 않았어? 또 술을 마시고 운전을 한 거야?
 여자: 아니. 이번에는 음주 운전은 아니라고 하는데 아

듣기 지문 | 107

직 정확한 사고 원인이 안 밝혀져서 경찰에서 조사 중이래.

## 2. 잘 듣고 알맞은 것을 찾아 번호(1-4)를 쓰십시오. (40쪽)
track 040

❶ 빗길에 차가 전복돼 차 안에 있던 김 모 씨가 중상을 입었습니다.
❷ 전기 합선이 화재의 원인인 것으로 보입니다.
❸ 어제 지하철에서 불이나 승객들이 대피하는 소동이 있었습니다.
❹ 교통사고의 가장 큰 원인은 과속인 것으로 나타났습니다.

## 3. 사건·사고 뉴스입니다. 잘 들으십시오. (40쪽)    track 041

앵커: 어제 저녁 노원구에서 땅이 꺼져 길을 가던 시민이 다치는 사고가 있었습니다. 지난밤 사건·사고 소식. 강혜리 기자입니다.

기자: 어제 저녁 7시. 노원구에서 '땅 꺼짐' 사고가 일어났습니다. 길을 가던 25세 한 모 씨가 갑자기 2m 아래로 추락해 병원으로 옮겨져 치료를 받고 있습니다. 다행히 한 씨는 크게 다치지는 않았지만 계속되는 '땅 꺼짐' 사고로 시민들의 불안감은 커지고 있습니다. 경찰은 지하철 공사로 인해 지하수가 빠져나가면서 '땅 꺼짐' 현상이 일어난 것으로 보고 정확한 원인을 조사 중입니다.
화재 사건도 연이어 일어났는데요. 어젯밤 11시쯤 서울 동대문구의 한 아파트에서 불이 나 2천만 원의 재산 피해를 내고 20분 만에 꺼졌습니다. 경찰은 가스 불에 음식을 올려놓고 잠들었다는 집주인 강 모 씨의 말을 근거로 정확한 화재 원인을 조사하고 있습니다. 또 오늘 새벽 1시쯤 서울 종로구의 한 다세대 주택 1층에서는 전기 합선으로 불이 나 전자 제품 등을 태우고 10분 만에 꺼졌습니다. 다행히 이 화재로 다친 사람은 없었지만 한밤중에 일어난 화재로 주민들이 대피하는 소동이 있었습니다. 경찰은 전기장판에서 불이 시작된 것으로 보고 정확한 원인을 조사 중입니다.
교통사고도 잇따라 발생했습니다. 어젯밤 9시쯤에는 경기도 파주에서 50살 김 모 씨가 몰던 트럭이 빗길에 미끄러지면서 전복돼 김 씨가 중상을 입고 병원으로 옮겨져 치료를 받고 있습니다. 이보다 앞선 어제 저녁 7시쯤에는 서울 강남구의 한 도로에서 43살 정 모 씨가 몰던 승용차가 가로등을 들이받는 사고가 있었습니다. 경찰은 빠른 속도로 차가 달려와 가로등을 들이받았다는 목격자들의 말을 근거로 정 씨의 음주 운전 여부를 조사하고 있습니다.
KHB 뉴스 강혜리입니다.

## 5. 듣고 따라 하십시오. (41쪽)    track 044
1) 계속되는 '땅 꺼짐' 사고로 시민들의 불안감은 커지고 있습니다.
2) 다세대 주택 1층에서는 전기 합선으로 불이 나 전자 제품 등을 태우고 10분 만에 꺼졌습니다.
3) 김 씨가 중상을 입고 병원으로 옮겨져 치료를 받고 있습니다.

### 🏃 활동

## 1. 다음은 화재 대피 방법입니다. 잘 듣고 빈칸을 채우십시오. (43쪽)    track 048

아나운서: 화재가 일어나면 당황하기 마련인데요. 실제 화재가 발생했을 때는 침착하게 행동하는 것이 가장 중요합니다. 먼저 화재가 일어난 것을 큰 소리로 주변 사람들에게 알려야 합니다. 만약 자신이 끌 수 있을 정도의 작은 불이라면 주변의 소화기를 이용해 빨리 끄는 것이 더 큰 피해를 예방할 수 있습니다. 하지만 작은 불이 아닐 경우, 화재 현장에서 빨리 벗어나야 하는데요. 화재 장소를 빠져나올 때는 젖은 수건으로 코와 입을 막은 후 자세를 낮춰 계단으로 내려가는 것이 좋습니다. 간혹 빨리 피하고 싶은 마음에 엘리베이터를 이용하시는 분들이 있는데 엘리베이터는 화재로 인해 갑자기 멈출 수 있기 때문에 아주 위험합니다.

## 05 유행

### 5-1 최근 유행에 민감한 남성들이 증가하고 있습니다

## 2. 유행에 민감한 남성들에 대한 뉴스입니다. 잘 들으십시오. (46쪽)    track 049

아나운서: 최근 유행에 민감한 남성들이 증가하고 있습니다. 이런 남성들을 '그루밍족'이라고 하는데요. 그루밍족이란 외모나 패션에 관심이 많아 이와 관련된 제품 구입에 돈을 아끼지 않는 남자들을 가리키는 말입니다. 이들은 지갑, 벨트, 넥타이 등의 패션 상품뿐만 아니라 피부 관리를 위한 화장품에도 관심이 많습니다. 이러한 사회 현상을 반영하여 백화점에서는 남성 고객만을 위한 이벤트를 열고 있으며 화장품 회사에서도 다양한 남성용 화장품을 출시하는 등 남성 고객을 잡기 위한 경쟁을 벌이고 있습니다.

### 5-2 이 디자인 하나하나에는 실용적인 요소가 담겨져 있습니다

## 2. 의상 박물관 큐레이터의 설명입니다. 잘 들으십시오. (47쪽)    track 050

큐레이터: 자, 지금 여러분이 보고 계신 이 코트의 이름은 다들 잘 아시지요? 바로 영국 버버리사의 트렌치코트인데요. 원래 이름 대신 '버버리코트'라는 이름으로도 유명하지요. 근데 사실 이 옷은 '1차 세계대전' 당시에 군인들을 위해 만든 전투용 외투에서 유래되었습니다.
여러분도 잘 아시다시피 트렌치코트는 디자인이 아주 멋스럽잖아요. 그런데 이 디자인 하나하나에는 군인들을 위한 실용적인 요소가 담겨져 있습니다.
자, 먼저 여기 어깨 부분을 한번 보시죠. 이 부분에 이중으로 천이 덮여 있죠? 또 여기 손목과 허리, 그리고 목 부분을 보시면 벨트가 부착되어 있습니다. 이렇게 디자인한 이유는 전쟁 당시 외부 물질이 몸으로 들어오는 것을 막고 보온성도 높이기 위해서였지요. 또 소매 부분을 이렇게 넓게 만든 이유에는 부상병의 치료를 돕기 위한 목적도 있었다고 하네요.
자, 그럼 이쪽으로 가까이 오셔서 코트를 한번 만져 보시죠. 어떠세요? 좀 독특한 재질의 천으로 되어 있죠? 이 천은 비옷과 같이 방수 기능을 갖추고 있는데요. 이런 재질을 사용한 이유도 비가 올 때 우산을 쓸 수 없는 군인들의 옷이 젖지 않도록 하기 위해서였다고 합니다.

## 5-3 올가을 유행을 선도하는 세련된 패션을 완성해 보세요

### 1. 잘 듣고 빈칸을 채우십시오. (48쪽)　　　track 051
리사: 그 코트 새로 산 거예요? 너무 예뻐요.
올가: 네. 요즘 가죽 코트가 유행이길래 저도 하나 샀어요.
리사: 벨트 장식도 독특하고 올가 씨가 입어서 그런지 디자인도 더 세련돼 보이네요.
올가: 아, 그래요? 디자인이 좀 특이해서 살 때 고민했었거든요. 혹시 유행을 타면 오래 못 입을까 봐서요. 근데 리사 씨가 예쁘다고 해 주니까 기분 좋네요.

### 2. 잘 듣고 빈칸에 쓰십시오. (48쪽)　　　track 052
전문가: 대부분의 현대인들은 유행에 맞는 패션 스타일을 연출하고 싶어 하는데요. 간혹 유행을 지나치게 따르는 분들도 있는 것 같습니다. 유행을 따를 때에도 분명 자신의 이미지나 체형을 고려해야 하는데도 말이지요. 그런데 이렇게 유행만 따를 경우 자신만의 개성은 사라지게 되고 남들에게도 부자연스럽게 느껴질 수 있습니다. 또 유행이 바뀔 때마다 새로운 패션 아이템을 구입하다 보면 많은 비용이 들기도 하고요. 그러니까 무조건 유행을 따르지 말고 자기만의 독특한 개성을 드러낼 수 있는 패션을 연출해 보는 건 어떨까요?

### 3. 패션 관련 방송입니다. 잘 들으십시오. (48쪽)　　　track 053
사회자: 안녕하세요. '생방송 패션 중심' MC 최소라입니다. 이번 시간에는 유행에 관계없이 꾸준히 사랑받고 있는 아이템, 트렌치코트에 대한 이야기를 나눠 보려고 하는데요. 이 자리에 패션 전문가 김성진 님을 모셨습니다. 안녕하세요. 반갑습니다.
전문가: 네. 안녕하세요. 스타일리스트 김성진입니다.
사회자: 가을을 맞아서 트렌치코트를 새로 구입하려고 하는 분들이 많으실 텐데요. 사실 코트는 가격이 센 편이라서 사 놓고 못 입게 되면 아까우니까 신중하게 골라야 하잖아요. 그래서 이번 시간에 자신에게 잘 어울리는 코트 선택법을 알려 주시면 좋을 것 같아요.
전문가: 그렇지요. 코트를 충동적으로 구입해서는 안 되죠. 그래서 자신의 옷 입는 스타일을 고려해 볼 필요가 있어요. 먼저 평소에 정장을 자주 입으신다면 장식이 없는 기본적인 디자인을 선택하시는 게 좋아요. 색상도 남색이나 연한 갈색을 고르면 유행을 타지 않으면서도 세련된 느낌을 연출하실 수 있고요. 만약에 캐주얼한 느낌을 원하신다면 좀 더 헐렁한 스타일을 선택해 보세요. 헐렁한 코트 안에 티셔츠랑 청바지를 입으면 더욱 활동적인 느낌을 줄 수 있거든요.
사회자: 아, 그렇군요. 그런데 어떤 디자인의 코트가 자신의 체형에 맞는지 몰라서 고민하는 분들도 계실 텐데요. 이런 분들을 위해 체형에 따른 코트 선택법도 알려 주시면 좋을 것 같아요.
전문가: 네. 트렌치코트를 잘 입으면 체형의 단점도 보완할 수 있는데요. 먼저 키가 작은 분이라면 짧은 길이의 트렌치코트를 입으시는 게 좋습니다. 또 어깨에 장식이 있는 디자인을 고르면 사람들의 시선을 위로 가게 해서 키가 커 보이는 효과가 있습니다. 그리고 조금 통통하신 분들은 코트와 같은 재질의 벨트를 매서 허리를 강조하면 몸매가 좀 더 날씬해 보일 수 있고요.
사회자: 아, 그런 방법이 있겠군요. 그런데 트렌치코트는 유행을 타지 않는 기본 아이템이라서 개성을 드러내기가 좀 어렵잖아요. 디자인이 무난한 트렌치코트를 입으면서도 좀 더 개성 있게 연출할 수 있는 방법은 없을까요?
전문가: 물론 있죠. 비슷한 디자인의 옷이라도 가지고 계신 스카프나 넥타이, 선글라스 같은 것들을 잘 활용하면 자신만의 개성을 드러낼 수 있어요.
사회자: 아, 그렇군요. 좋은 말씀 정말 감사합니다. 자, 시청자 여러분. 이번 시간에 알려 드린 트렌치코트 연출법, 도움이 되셨나요? 오늘 추천해 드린 방법을 참고하셔서 올가을 유행을 선도하는 세련된 패션을 완성해 보세요.

**5. 듣고 따라 하십시오.** (49쪽)  track 056
1) 트렌치코트를 잘 입으면 체형의 단점도 보완할 수 있는데요.
2) 트렌치코트는 유행을 타지 않는 기본 아이템이라서 개성을 드러내기가 좀 어렵잖아요.
3) 추천해 드린 방법을 참고하셔서 올가을 유행을 선도하는 세련된 패션을 완성해 보세요.

### 🎨 활동

**1. 다음은 유행에 대한 뉴스입니다. 잘 듣고 다음 표를 완성하십시오.** (51쪽)  track 060

앵커: 여러분, 혹시 '그루밍족'이라고 들어보셨습니까? 자신을 가꾸는 데에 지출을 아끼지 않는 남성들을 부르는 말인데요. 최근 이러한 남성들의 수가 증가하고 있습니다. 한 조사에 따르면 요즘 남성들은 평균 10여 개 이상의 화장품을 쓰는 것으로 나타났는데요. 정유진 기자가 취재해 보았습니다.

기자: 한 미용 업체에서 최근 성인 남성 500명을 대상으로 한 달 동안 사용한 화장품 개수를 조사한 결과 샴푸와 바디 로션, 향수 등을 포함하여 평균 13개의 화장품을 쓰는 것으로 나타났습니다. 남성들이 쓰는 제품의 종류도 다양했는데요. 선크림을 바르는 남성은 50%를 넘었고 다섯 명 중 한 명은 수분 크림이나 에센스, 비비크림과 같은 스킨케어 제품을 쓰는 것으로 조사되었습니다. 또 최근에는 화장품뿐만 아니라 피부 마사지나 레이저 치료와 같이 주로 여성 고객을 대상으로 했던 피부 미용 시술 분야에도 남성들이 주요한 소비자로 등장하고 있습니다.

앵커: 네. 그렇다면 이렇게 외모에 관심을 갖는 남성들이 증가하는 원인이 뭘까요?

기자: 아무래도 외모를 중시하는 사회 분위기가 이제 남성들에게도 영향을 미친 거라는 생각이 드는데요. 실제로 직장인 10명 중 8명은 외모가 직장 생활에 영향을 준다고 생각하는 것으로 나타났습니다. 특히 요즘은 직장을 구하는 많은 남성들이 면접 전에 메이크업 전문점을 찾기도 합니다. 이러한 인식 때문인지 해마다 남성 화장품 매출도 꾸준히 증가하고 있다고 합니다.

## 06 꿈과 직업

### 6-1 꿈을 이루기 위해 사업을 시작했습니다

**2. 성공한 사업가에 대한 방송입니다. 잘 들으십시오.** (54쪽)  track 061

아나운서: 안녕하세요? '도전! 성공 시대' 이현주입니다. 오늘은 스팀 청소기를 개발해 큰 성공을 거둔 윤미선 씨에 대한 이야기를 전해 드릴까 합니다. 먼저 영상으로 만나 보시죠.
그녀는 43살. 적지 않은 나이에 스스로의 힘으로 회사를 만들고 싶다는 꿈을 이루기 위해 공무원을 그만두고 사업을 시작했습니다. 평소 집안일을 할 때 걸레질하는 것이 힘들고 귀찮았던 자신의 경험에서 아이디어를 얻어 스팀 청소기 개발을 시도했는데요. 처음에는 시행착오를 겪으며 사업 자금을 모두 날리기도 했지만 끈질긴 도전으로 결국 청소기 개발에 성공했고 이 사업은 엄청난 성공을 거두었습니다. 지금도 그녀는 끊임없는 열정과 신선한 아이디어로 다양한 가전제품을 개발하고 있습니다. 윤미선 씨는 말합니다. "하고 싶은 일이 있다면 늦었다고 생각하지 말고 지금이라도 새로운 일에 도전해 보라."고 말입니다.

### 6-2 제 마음속에서 변화가 생기기 시작하더라고요

**2. 여행가와의 인터뷰입니다. 잘 들으십시오.** (55쪽)  track 062

사회자: 오늘은 7년 동안 무려 60개국을 여행하신 전문 여행가 최성훈 씨와 이야기를 나눠 보겠습니다. 안녕하세요. 이렇게 나와 주셔서 감사합니다.

여행가: 네. 안녕하세요.

사회자: 먼저 제가 가장 궁금했던 질문을 하나 드리겠습니다. 늘 사람들의 발길이 잘 닿지 않는 오지로 여행을 다니시는데요. 특별한 이유가 있으세요?

여행가: 글쎄요. 특별한 이유가 있는 건 아니고요. 사람들이 안 가 본 곳을 한번 가 보고 싶다는 생각에서 오지 여행을 시작하게 되었어요. 사실 어릴 때부터 궁금한 것이 많아서 이 동네 저 동네 모르는 길도 그냥 막 돌아다니곤 했거든요. 그래서 부모님이 저를 찾느라 고생을 많이 하셨어요. 길을 잃어 경찰서에 있는 저를 찾으러 오시기도 했고요.

사회자: 아. 정말 어렸을 때도 호기심이 많으셨었군요. 그래도 사람들이 잘 가지 않는 곳으로 여행을 다니시면 힘들지 않으세요?

여행가: 아무래도 여행 정보도 별로 없고 여행자를 위한 시설들도 거의 없어 힘들고 불편한 점들이 많죠. 그런데 여행을 하다 보니 제 마음속에서 변화가 생기기 시작하더라고요. 처음에는 불편하고 부족한 환경에서 힘들어하던 제가 비슷한 환경에서도 마음의 여유를 누리며 작은 것에도 감사하고 있더라고요. 이렇게 여행 후에 제 자신이 달라지는 것을 느끼면서 점점 더 오지 여행의 매력에 빠지게 된 것 같습니다.

### 6-3 주변의 반대 때문에 제 꿈을 포기할 수는 없었습니다

**1. 잘 듣고 빈칸을 채우십시오.** (56쪽)　　　　　track 063

여자: 어제 소개팅을 했는데 그 남자 직업이 유치원 선생님이더라고.
남자: 아, 그래?
여자: 응. 남자가 유치원 선생님을 한다고 해서 솔직히 좀 놀랐어.
남자: 그러게. 놀랐겠다. 나도 남자 유치원 선생님은 처음 들었네. 그런데 요즘에는 성별에 대한 편견 없이 자기가 하고 싶은 일을 하는 사람들이 많아진 것 같아.

**2. 잘 듣고 일이 일어난 순서대로 번호를 쓰십시오.** (56쪽)
　　　　　track 064

운동선수: 저는 4년 전 올림픽 출전 중에 무릎과 허리 부상을 당했습니다. 여러 번의 수술을 하면서 선수 생활을 그만두려고도 했죠. 제 진로에 대해 정말 많은 고민을 했던 것 같아요. 하지만 제 꿈을 포기하고 싶지 않았기 때문에 저는 다시 운동을 시작했습니다. 힘든 순간이 많았지만 이렇게 다시 대회에 나와 메달을 따게 되어 정말 가슴이 벅찹니다.

**3. 꿈과 직업에 대한 강연입니다. 잘 들으십시오.** (56쪽)
　　　　　track 065

강연자: 여러분, 안녕하세요. 저는 건축학과 01학번 김민희입니다. 이렇게 후배 여러분 앞에 서니 무척 떨리는데요. 그래도 제가 지금 하고 있는 일에 대해 여러분 앞에서 말할 수 있는 기회가 생겨 무척 기쁩니다.
제 직업은 문화재 수리 기술자입니다. 무슨 일을 하는지 궁금하시지요? 저는 경복궁 같은 우리나라의 전통 건축물을 수리하는 일을 하고 있습니다.
제가 이 일을 제 진로로 정하게 된 계기는 우연히 한 방송 프로그램에서 문화재 수리 기술자의 인터뷰를 보게 됐기 때문인데요. 인터뷰 하시는 내내 그 할아버지의 표정과 목소리에서 넘치는 자부심을 느낄 수 있었습니다. 그걸 보는 순간 제 가슴이 뛰기 시작하더군요. '그래. 내가 찾던 일이 바로 저거야.'라는 생각이 들었습니다. 사실 저희 아버지께서 집 짓는 일을 하고 계셔서 저도 건축 일에 관심이 많았거든요. 그래서 저는 건축학과에 입학을 했습니다.
하지만 제가 대학교를 졸업하고 문화재 수리 기술자가 되겠다고 했을 때 저희 아버지뿐만 아니라 제 주위 사람들은 대부분 반대를 했습니다. 건축학을 전공했으니 설계나 사무실에서 하는 전문적인 일을 했으면 하고 바랐던 거지요. 현장에서 하는 건축 일은 남자가 하는 일이고 여자가 하기에는 너무 힘들다는 거였죠. 누구보다 건축 현장을 잘 알고 계시던 아버지의 반대가 특히 심했어요. 하지만 주변의 반대 때문에 제 꿈을 포기할 수는 없었습니다. 일을 시작한 후에는 나이가 어리고 여자라는 이유로 곱지 않은 시선을 많이 받았죠. 하지만 사람들의 그런 편견을 깨기 위해 저는 더 열심히 노력했습니다.
벌써 이 일을 한 지 십 년이 넘었네요. 아직도 저는 현장에서 일을 할 때 가슴이 벅찹니다. 또 제 손으로 소중한 우리의 문화재를 지켜 나가고 있다는 자부심은 제가 이 일을 더욱 열심히 그리고 열정적으로 할 수밖에 없는 이유이기도 합니다.
후배님들의 가슴을 뛰게 하는 일은 무엇인지요? 지금 바로 그 일을 찾아보시기 바랍니다.

**5. 듣고 따라 하십시오.** (57쪽)　　　　　track 068

1) 건축 일은 남자가 하는 일이고 여자가 하기에는 너무 힘들다는 거였죠.
2) 나이가 어리고 여자라는 이유로 곱지 않은 시선을 많이 받았죠.
3) 사람들의 그런 편견을 깨기 위해 저는 더 열심히 노력했습니다.

### 활동

**1. 다음은 꿈에 대한 노래입니다. 잘 듣고 알맞은 것을 골라 빈칸을 채우십시오.** (59쪽)　　　　　track 072

다섯손가락: 왜 하늘을 보면 나는 눈물이 날까
　　　　　그것조차 알 수 없잖아
　　　　　왜 어른이 되면 잊어버리게 될까
　　　　　조그맣던 아이 시절을
　　　　　때로는 나도 그냥 하늘 높이 날아가고 싶어
　　　　　잊었던 나의 꿈들과 추억을 가득 싣고
　　　　　지나가 버린 어린 시절엔
　　　　　풍선을 타고 날아가는 예쁜 꿈도 꾸었지
　　　　　노란 풍선이 하늘을 날면
　　　　　내 마음에도 아름다운 기억들이 생각나

## 07 관광

### 7-1 '의료 관광'이 새로운 관광 트렌드로 떠오르고 있는데요

**2. 의료 관광에 대한 뉴스입니다. 잘 들으십시오.** (62쪽)
　　　　　track 073

앵커: 다음 뉴스를 전해드리겠습니다. 최근 의료 서비스를 받기 위해 한국의 병원을 찾는 외국인의 수가 늘고 있습니다. 이에 따라 의료 서비스도 받고 관광도 할 수 있는 의료 관광이 새로운 관광 트렌드로 떠오르고 있는데요. 저렴한 가격으로 높은 수준의 의

료 서비스를 받을 수 있고 관광과 문화 체험까지 할 수 있어 의료 관광객들의 만족도가 높게 나타나고 있습니다. 하지만 최근 이러한 의료 관광객들이 늘어남에 따라 이들에게 병원을 소개해 주고 지나치게 높은 수수료를 받는 불법 중개인도 등장하고 있는데요. 작년 한 해 동안 접수된 피해 사례가 약 사백 건에 이르는 것으로 나타났습니다. 불법 중개인으로 인한 피해를 줄이기 위해 정부의 대책 마련이 시급합니다.

## 7-2 왜 무영탑이라고 불리는지 아시나요?

**2. 석가탑에 얽혀 있는 설화입니다. 잘 들으십시오.** (63쪽)
　　　　　　　　　　　　　　　　　　　　track 074

안내원: 자, 여러분. 여기 있는 이 탑이 바로 그 유명한 '석가탑'입니다. 석가탑의 또 다른 이름은 무영탑인데요. 왜 무영탑이라고 불리는지 아시나요?
관광객: 무영이라는 사람이 만들었나요?
안내원: 그렇게 생각하실 수도 있겠네요. 무영탑은 그림자가 없는 탑이라는 뜻인데요. 이 탑과 관련해서 아주 슬픈 이야기가 전해져 오고 있습니다. 삼국 시대에 '아사달'과 '아사녀'라는 부부가 백제에 살고 있었는데 그 당시 옆 나라인 신라에서는 '불국사'라는 큰 절을 짓는 중이었어요. 탑을 만드는 석공이었던 아사달은 불국사의 석탑을 짓기 위해 신라로 가게 되었지요. 아내 아사녀는 백제에 혼자 남아 남편이 돌아오기를 기다렸지만 몇 해가 지나도 남편은 돌아오지 않았고 결국 아사녀는 남편을 찾아 신라로 가게 됩니다. 그런데 과연 신라에 도착한 아사녀는 남편을 만날 수 있었을까요?
관광객: 불국사를 찾아왔으면 만나지 않았을까요?
안내원: 아니요. 안타깝게도 여자는 절이 완성되기 전에 절 안으로 들어갈 수 없다는 금기 때문에 아사녀는 불국사 앞에 도착했지만 남편을 만날 수가 없었어요. 남편을 만나지 못한다는 슬픔 때문에 아사녀가 절 앞에서 눈물을 흘리고 있을 때 불국사의 한 스님이 아사녀에게 탑이 완성되면 탑의 그림자가 불국사 근처에 있는 연못에 비칠 거라는 이야기를 해 주었대요.
관광객: 그래서요?
안내원: 그때부터 아사녀는 그 연못에서 탑의 그림자가 나타나기를 기다렸어요. 그런데 먹지도 자지도 않고 연못에 그림자가 비치기만을 기다리던 아사녀는 연못에 나타난 남편의 환영을 보게 되었고 환영을 쫓아가다가 그만 연못에 빠져 죽고 말았어요.
관광객: 아이고…. 저런….
안내원: 얼마 지나지 않아 드디어 탑이 완성되었지만 아내가 자신을 기다리다가 죽었다는 소식을 듣게 된 아사달은 아내를 잃은 슬픔에 아내가 빠져 죽은 그 연못에 몸을 던지고 말았습니다. 이러한 사연을 들은 사람들이 그 석탑을 그림자가 없는 탑이라는 뜻의 무영탑이라고 부르기 시작한 거지요.

## 7-3 자, 그러면 이제 근정전 내부를 자세히 살펴볼까요?

**1. 잘 듣고 빈칸을 채우십시오.** (64쪽)　　　track 075

안내원: 여러분, 근정전 안쪽에 책상 보이시죠? 저게 바로 사관이 사용했던 책상인데요. 사관은 왕의 말과 행동을 기록했던 사람입니다. 이와 관련된 일화를 하나 말씀드릴게요. 조선의 세 번째 왕이었던 태종은 말을 아주 잘 탔는데 어느 날 실수로 말에서 떨어졌다고 해요. 그게 부끄러웠던 태종은 신하들에게 사관한테는 비밀로 해 달라고 부탁했다는데요. 하지만 태종에 대해 기록한 역사책을 읽어 보면 태종이 말에서 떨어진 것은 물론 사관에게 알리지 말아 달라고 부탁한 내용까지 모두 기록되어 있다고 합니다. 정말 재밌지요?

**2. 잘 듣고 맞는 것에 ✔를 하십시오.** (64쪽)　track 076

나타폰: 지훈 씨! 여기 이 그림 좀 보세요. 여기에 그려진 이 새가 혹시 500원짜리 동전에 있는 새하고 같은 거예요?
지　훈: 네. 이 새의 이름은 학인데 학은 장수와 복을 의미해요. 그래서 옛날에는 장수를 기원하는 마음으로 여러 가지 물건에 학을 그려 놓기도 했대요.
나타폰: 아, 그렇구나. 태국이랑 비슷하네요. 태국에서는 코끼리가 장수를 상징하는 동물이라서 코끼리 모양의 그림이나 장식품이 많이 있거든요.

**3. 문화재 안내입니다. 잘 들으십시오.** (64쪽)　track 077

안내원: 자, 여러분이 보고 계시는 이 건물이 바로 경복궁에서 가장 중요한 건물인 근정전입니다. 근정전은 왕이 나라의 중요한 행사를 치르거나 외국 손님을 맞이하는 곳이었습니다. 자, 그러면 이제 근정전 내부를 자세히 살펴볼까요? 저기 중앙에 있는 의자 보이시죠? 바로 왕이 앉았던 의자인데요. 저 의자 뒤에 펼쳐져 있는 그림이 일월오봉도입니다. 다들 만 원짜리 지폐를 한번 꺼내 보시겠어요? 여기 세종대왕의 뒤에 그려져 있는 그림이 바로 일월오봉도입니다.
관광객: 그 그림에는 어떤 의미가 담겨져 있나요?
안내원: 저기 그림 속의 해와 달은 왕과 왕비를 상징하고요. 가운데 있는 다섯 개의 산은 조선에 있는 다섯 개의 중요한 산을, 그리고 소나무, 폭포, 파도는 조선 땅 전체를 상징합니다. 바로 왕과 왕비가 다스리는 조선 전체의 발전을 기원하는 그림이라고 할 수 있습니다. 조선 시대에는 왕이 가는 곳 어디에나 이 그림을 걸어 두었고 왕이 죽으면 이

그림을 왕과 함께 묻었다고 합니다.
관광객: 아….
안내원: 자, 이제 지폐는 지갑에 넣으시고요. 근정전의 바닥을 한번 봐 주세요. 저기 중앙에 작은 책상 두 개가 있지요? 저 책상은 사관이 사용했던 겁니다. 사관은 왕의 말과 행동을 기록하는 일을 했는데 왕이 신하들과 나누었던 사적인 대화까지도 모두 기록했다고 해요. 왕이라고 해도 사관에게 사실과 다르게 기록하라는 명령을 내릴 수 없었고 사관이 기록한 내용도 볼 수 없었기 때문에 역사가 사실 그대로 기록되어 지금까지 전해질 수 있었던 것입니다. 자, 그러면 이제 경회루로 이동하겠습니다.

5. 듣고 따라 하십시오. (65쪽)     track 080
   1) 여러분이 보고 계시는 이 건물이 바로 경복궁에서 가장 중요한 건물인 근정전입니다.
   2) 왕과 왕비가 다스리는 조선 전체의 발전을 기원하는 그림이라고 할 수 있습니다.
   3) 왕이라고 해도 사관에게 사실과 다르게 기록하라는 명령을 내릴 수 없었습니다.

### 활동

1. 다음은 관광지 안내원의 문화재 안내입니다. 잘 듣고 다음 표를 완성하십시오. (67쪽)     track 084
   안내원: 자, 이제 약 10분 후면 월지에 도착하시게 됩니다. 월지는 '달이 비치는 연못'이라는 뜻인데 신라가 망한 후에 기러기와 오리 떼만 몰려와 살아서 '안압지'라고 불리게 되었고요. 현재는 이 이름이 더 알려져 있습니다. 이곳은 신라 시대에 왕자가 사용했던 궁으로 왕이 사용한 궁과는 따로 떨어져 지어진 곳입니다. 또한 이곳은 나라의 경사가 있을 때나 외국에서 오는 중요한 손님을 맞을 때 잔치를 하는 공간으로도 쓰였다고 합니다. 과거에는 아주 화려한 곳이었지만 현재는 옛 건물의 흔적만 남아 있고 그 중에 건물 세 개와 연못이 복원되어 있습니다. 여기서 약 한 시간 정도 자유 시간을 드릴 건데요. 정문으로 들어가셔서 연못 주변으로 죽 돌아 걸으시면서 복원된 건물과 연못, 그리고 주변 경치를 감상해 보십시오. 지금이 6시니까 8시까지 들어가셨던 문으로 다시 나오셔서 대기하고 있는 버스에 탑승해 주시면 됩니다.

## 08 스포츠

### 8-1 올림픽에서 메달 소식, 한번 기대해 보겠습니다

2. 스포츠 뉴스입니다. 잘 들으십시오. (70쪽)     track 085
   아나운서: 올림픽 메달은 '하늘이 내린다.'라는 말이 있는데요. 그만큼 올림픽에서 경기 결과를 예상하기란 어렵습니다. 세계 선수권과 같은 각종 대회에서 1위를 한 난다 긴다 하는 선수들도 정작 올림픽에서는 메달을 따기 쉽지 않습니다. 올림픽은 4년에 한 번 열려 메달을 따기가 무척 힘든 데다가 실력 외에도 선수의 몸 상태나 경기 중 실수와 같이 경기 결과에 영향을 미치는 다양한 원인들이 있기 때문입니다. 이러한 이유들로 유난히 올림픽 메달과만 인연이 없었던 선수들. 이 선수들은 그 누구보다 이번 올림픽을 기다리고 있을 텐데요. 이번 올림픽에서 이들의 메달 소식, 한번 기대해 보겠습니다.

### 8-2 오늘 경기 소감을 말씀해 주시죠

2. 운동선수와의 인터뷰입니다. 잘 들으십시오. (71쪽)     track 086
   기자: 김진호 선수, 수고하셨습니다. 정말 손에 땀을 쥐게 하는 경기였는데요. 오늘 경기 소감을 말씀해 주시죠.
   선수: 전반에 점수 차가 많이 나서 쉽게 이길 수 있을 것 같았는데 후반에 수비 실수가 있었던 것이 좀 아쉽고요. 그래도 동료들과 손발이 잘 맞아서 승리할 수 있었던 것 같습니다.
   기자: 네, 역전이 될 뻔한 상황도 있었는데 김진호 선수, 정말 침착하게 경기를 잘 풀어 나가시더라고요.
   선수: 아, 예. 감사합니다. 저 혼자 한 건 아니고요. 실수가 있었지만 선수들이 집중력을 잃지 않고 끝까지 열심히 뛰어 줘서 가능했던 일인 것 같습니다. 그리고 저희 팀의 강점인 공격과 수비의 빠른 전환이 오늘 경기 승리의 비결이 아닌가 생각합니다.
   기자: 오늘의 승리로 시즌 우승에 한 발 더 가까워지셨는데요. 앞으로 남은 경기에 대한 각오도 한 말씀 부탁드리겠습니다.
   선수: 끝까지 최선을 다해서 팬 여러분들께 남은 시즌 좋은 경기 계속 보여 드릴 수 있도록 노력하겠습니다.

### 8-3 최근 김지훈 선수 활약이 대단해요

1. 잘 듣고 빈칸을 채우십시오. (72쪽)     track 087
   캐 스 터: 이번 골프 대회에는 국내외 우수한 실력의 선수들이 많이 참가하는데요.
   해설위원: 네. 선수들 간의 경쟁이 매우 치열할 것 같습니

다. 이번 대회에서 누가 우승을 할지 한 치 앞을 내다보기가 어렵네요.

2. **잘 듣고 빈칸에 쓰십시오.** (72쪽)     track 088
   1) 캐스터: 아, 강세진 선수 넘어지고 말았네요. 선수들 코너에서 스케이트가 서로 부딪히지 않게 조심해야 하는데요. 아쉽게도 순위가 바뀔 것 같습니다.
   2) 캐스터: 최태훈 선수 어제 400m 자유형 예선에서 조 1위로 들어왔는데요. 오늘도 컨디션이 좋아 보여요. 오늘 경기 순위도 중요하지만 새로운 개인 기록을 세울 수 있을지 한번 기대해 보겠습니다.
   3) 캐스터: 박승현 선수 오늘 경기에 나오지 않는 건가요? 선발 명단에 보이지 않네요. 지난번 경기에서 입은 부상 때문인 것으로 보이는데요. 심각한 상태가 아니었으면 좋겠습니다.
   4) 캐스터: 벌써 22점이네요. 수비면 수비, 공격이면 공격 오늘 이재욱 선수 활약이 정말 대단합니다.

3. **스포츠 중계입니다. 잘 들으십시오.** (72쪽)     track 089
   캐 스 터: 축구 팬 여러분, 안녕하십니까? 여기는 아시아 클럽 경기가 열리고 있는 수원월드컵경기장입니다. 상위권 팀들의 순위 경쟁이 치열해지면서 축구 팬들의 관심도 높아지고 있는데요. 송정환 해설위원님, 오늘 경기 어떻게 예상하십니까?
   해설위원: 네. 오늘 2위인 서울과 3위 시드니의 맞대결인데요. 오늘 경기 결과에 따라 결승 진출 팀이 결정될 예정입니다. 오늘 경기 아주 흥미진진할 것 같네요.
   캐 스 터: 네, 그렇습니다. 오늘 경기가 양 팀 모두에게 매우 중요한 경기라고 할 수 있겠는데요.
   해설위원: 맞습니다. 2위인 FC 서울은 주장이 어떻게 경기 운영을 하느냐가 매우 중요한데요. 주장인 김지훈 선수 어깨가 무거울 것 같습니다.
   캐 스 터: 아, 네. 지금 김지훈 선수가 경기장에 들어오고 있는데요. 최근 김지훈 선수 활약이 대단해요. 미드필더인데 수비뿐만 아니라 공격에도 적극적으로 참여해서 훌륭한 경기를 보여주고 있습니다. 벌써 두 경기 연속으로 골을 기록했고 오늘 세 경기 연속 골에 도전하고 있는데요. 위원님께서는 어떻게 보십니까?
   해설위원: 저는 김 선수의 많은 출전 경험과 경기 운영이 어려울 때도 포기하지 않고 열심히 하는 자세가 팀을 좋은 성적으로 이끌고 있는 것이 아닌가 하는 생각이 듭니다.
   캐 스 터: 네, 맞습니다. 축구 경기에서 주장이 책임감이 강하면 아무래도 후배 선수들이 영향을 받게 마련이지요. FC 서울이 그래서 여기까지 올라올 수 있었던 것 같아요. 사실 모든 스포츠가 이런 정신력으로 이루어지는 게 아니겠습니까? 주장으로서 후배들을 잘 이끌어 가고 있는 김지훈 선수의 모습이 정말 보기 좋습니다. 자, 이제 양 팀의 선발 명단부터 살펴볼까요?

5. **듣고 따라 하십시오.** (73쪽)     track 092
   1) 상위권 팀들의 순위 경쟁이 치열해지면서 축구 팬들의 관심도 높아지고 있는데요.
   2) 수비뿐만 아니라 공격에도 적극적으로 참여해서 훌륭한 경기를 보여주고 있습니다.
   3) 주장으로서 후배들을 잘 이끌어 가고 있는 김지훈 선수 모습이 정말 보기 좋습니다.

### 활동

1. **다음은 한국 응원 문화에 대한 방송입니다. 잘 듣고 다음 표를 완성하십시오.** (75쪽)     track 096
   기자: 프로 야구 관중 800만 시대. 야구장에 나와 보면 외국인 관중을 어렵지 않게 볼 수 있게 되었는데요. 야구장에서 외국인과 함께 어울려 응원하는 것은 일상적인 풍경이 되었습니다. 야구장 곳곳에서 국내 팬보다 더 열심히 응원가를 부르며 춤을 추는 외국인들을 쉽게 찾아 볼 수 있습니다. 이들은 자신이 응원하는 팀의 유니폼을 입는 건 기본이고 율동을 함께하고 선수 이름을 부르며 응원하는 게 전혀 어색하지 않습니다. 이처럼 한국의 야구 응원 문화의 매력에 빠진 외국인들이 많아지고 있습니다. 미국 출신 유학생 빌리 화이트 씨는 아예 자신이 응원 단장으로 나섰습니다. 자신의 자취방을 야구 응원 용품으로 가득 채웠고 자신이 응원하는 팀의 경기가 있는 날이면 하루도 빠지지 않고 관중석에서 응원에 앞장섭니다. 한 외국인 야구 감독이 세계에서 가장 큰 노래방이라고 했던 한국의 야구장. 이곳은 한국인, 외국인의 구별이 없는 축제의 장입니다. KBC 뉴스 한승엽입니다.

## 09 취업

### 9-1 자기 소개서를 쓸 때는 단어 하나도 신중하게 선택해야 돼요

2. **취업 상담사와의 대화입니다. 잘 들으십시오.** (78쪽)
    track 097
   상담사: 취업 준비하는 데 가장 어려운 점은 뭐예요?
   학 생: 음…. 자기 소개서 쓰는 게 좀 어려워요. 쓰다 보면 다른 사람들이랑 비슷한 얘기들만 쓰는 것 같아 제 소개를 제대로 하는 건지 잘 모르겠어요.
   상담사: 직접 쓴 자기 소개서 좀 보여 주시겠어요? (잠시

후) 음…. 어학연수도 다녀왔고 인턴 경험도 아주 많네요. 그런데 다른 사람들과 비슷한 학창 시절 이야기를 굳이 이렇게 상세하게 다 쓸 필요는 없어요. 이것보다는 자신만이 가지고 있는 특별한 경험을 구체적으로 쓰는 것이 좋아요. 그래야 인사 담당자의 흥미를 끌고 좋은 인상도 줄 수 있거든요. 그리고 여기 단어를 고칠 부분이 좀 있는데요. 성격에 대해 쓴 부분요. '낙천적'이라는 단어 대신 '긍정적'이라는 표현을 쓰는 게 좋아요. '긍정적'은 성격이 밝고 새로운 환경에도 잘 적응할 것 같다는 느낌을 주지만 '낙천적'이라는 말은 아무 노력 없이 그냥 일이 잘되기만을 바란다는 느낌이 들어요. 이렇게 자기 소개서를 쓸 때는 단어 하나도 신중하게 선택해야 돼요.

학 생: 아…. 비슷한 의미인 것 같은데 듣고 보니 정말 다르네요.

상담사: 그렇죠? 그리고 자기 소개서에서 인사 담당자가 가장 중요하게 생각하는 부분은 지원 동기예요. 확실한 동기가 있어야 입사 후에 열심히 일하고 회사의 발전에도 도움을 줄 거라고 생각하거든요. 그러니까 일에 대한 열정이 드러나도록 지원 동기 부분을 한번 잘 써 보세요.

### 9-2 공공 기관 채용 박람회가 열렸는데요

**2. 채용 박람회에 대한 뉴스입니다. 잘 들으십시오. (79쪽)**  track 098

앵커: 오늘 코엑스에서 국내 최대 규모의 공공 기관 채용 박람회가 열렸는데요. 현장에서 박지훈 기자가 전해 드리겠습니다.

기자: 저는 지금 공공 기관 채용 박람회 현장에 나와 있습니다. 공공 기관은 연령과 학력에 제한 없이 지원이 가능한 데다가 정년이 보장되어서 구직자들에게 인기가 많은데요. 이러한 인기를 반영하듯 오늘 하루에만 2만 명이 넘는 구직자들이 이곳을 방문했습니다. 이번 채용 박람회에서 공공 기관들은 구직자에게 각 기관의 근무 조건이나 채용 방식에 대한 다양한 정보를 제공하고 있습니다. 또한 일부 공공 기관에서는 이번 채용 박람회의 현장 면접을 통해 특별 채용도 실시할 예정이라고 합니다. 많은 구직자들의 관심이 쏟아지고 있는 이번 채용 박람회는 오는 일요일까지 열릴 예정입니다.

### 9-3 인성이 좋아야 회사 생활도 잘할 수 있을 테니까

**1. 잘 듣고 빈칸을 채우십시오. (80쪽)**  track 099

칸 : 이번에 입사한 혜영 씨는 예의도 바르고 성격도 정말 좋지 않아요?

수지: 음…. 성격은 좋은 것 같아요. 그런데 같이 일해 보니까 실수도 잦고 일 처리가 느려서 좀 답답하더라고요.

칸 : 처음에는 누구나 다 그렇잖아요. 계속 일을 하다 보면 익숙해져서 잘하게 되겠죠.

수지: 그래도 채용할 때 다른 것보다 업무 능력을 좀 우선적으로 봤으면 좋겠어요. 업무 능력이 떨어지는 신입 사원은 일에 적응하는 데도 시간이 많이 걸리고 같이 일하기 좀 힘들더라고요.

**2. 잘 듣고 빈칸에 쓰십시오. (80쪽)**  track 100

기자: 올해 하반기 신입 사원을 채용할 계획이 있는 기업을 대상으로 신입 사원 채용 방식에 관한 설문 조사를 실시했습니다. 그 결과 많은 기업이 학력이나 학점, 영어 점수와 같은 스펙 중심의 채용 방식에 변화를 주겠다고 답해 구직자들의 관심을 끌었습니다. 또한 기업들은 신입 사원 채용 시 가장 중요한 항목으로 '인성'을 꼽았습니다. 그리고 '업무 능력'과 '인턴 경험'이 그 뒤를 이었습니다. 기존에 스펙 중심으로 신입 사원을 뽑던 기업들이 이렇듯 채용 방식에 변화를 주게 된 이유를 묻자 대다수의 기업들은 좋은 스펙을 가진 지원자가 업무 능력이 반드시 뛰어난 것은 아니기 때문이라고 응답했습니다. 또한 스펙보다는 책임감, 성실성, 적응력과 같은 인성이 업무 능력과 훨씬 상관관계가 높기 때문이라는 응답도 있었습니다.

**3. 취업 준비에 대한 대화입니다. 잘 들으십시오. (80쪽)**  track 101

여자: 어제 면접은 잘 보고 왔어?

남자: 아니. 완전히 망친 것 같아. 면접관이 생각도 못 한 질문을 해서 대답도 제대로 못 하고 나왔어. 아무래도 합격 못 할 것 같아.

여자: 면접관이 어떤 질문을 했길래 그래?

남자: 상사랑 의견 충돌이 생기면 어떻게 할 거냐고 묻더라고. 왜 업무 내용과는 아무 관계도 없는 질문을 하는지 모르겠어.

여자: 당황했겠네. 그런데 요즘은 신입 사원 면접을 할 때 인성과 관련된 질문을 많이 한다고 하더라고. 아무래도 인성이 좋아야 회사 생활도 잘할 수 있을 테니까.

남자: 사원을 뽑는데 인성까지 본다고? 회사에서는 일을 잘하는 게 제일 중요한 거 아닌가?

여자: 회사는 혼자서만 일하는 곳이 아니잖아. 만약에 어떤 사람이 일은 정말 잘하는데 같이 일을 할 때마다 다른 사람과 갈등이 생긴다면 회사 분위기가 어떻게 되겠어? 결국 전체적인 일의 능률은 떨어지게 될 거야.

남자: 그 말도 맞기는 하지만 난 사람만 좋고 일은 잘 못하는 동료는 별로일 거 같아. 성격은 좋은데 자기 일을

제대로 못해서 내가 그 사람 일까지 해야 하는 상황이 된다면 얼마나 짜증나겠어.
여자: 뭐, 신입 사원일 때야 직무 능력의 차이가 조금 있을 수 있겠지만 일은 하다 보면 잘하게 되지 않을까? 그런데 인성은 쉽게 바뀌지 않으니까 기업들이 사원을 뽑을 때 인성을 중요하게 생각하는 것 같아.
남자: 결국 취업을 하려면 업무 능력도 있어야 하고 인성도 좋아야 한다는 거네. 네 말을 들으니까 취업하기가 더 어렵게 느껴지는 것 같다.
여자: 뭘 그렇게까지 걱정해. 넌 능력도 있고 인성도 좋은데. 면접에서 어떻게 대답을 할지 미리 준비만 잘 하면 네가 원하는 회사에 꼭 취직할 수 있을 거야.

5. 듣고 따라 하십시오. (81쪽)　　　　　　track 104
  1) 상사랑 의견 충돌이 생기면 어떻게 할 거냐고 묻더라고.
  2) 인성은 쉽게 바뀌지 않으니까 기업들이 사원을 뽑을 때 인성을 중요하게 생각하는 것 같아.
  3) 결국 취업을 하려면 업무 능력도 있어야 하고 인성도 좋아야 한다는 거네.

### 활동

1. 다음은 직장 생활에 대한 설문 조사 결과입니다. 잘 듣고 빈칸을 채우십시오. (83쪽)　　　　track 108
아나운서: 저희 회사 사원 500명을 대상으로 직장 내에서 듣기 싫어하는 말이 무엇인지 조사해 보았습니다. 선배들이 후배에게 가장 듣기 싫어하는 말 1위는 '이건 제 일 아닌데요.'로 응답자의 67%가 선택했습니다. 선배들은 내 일과 남의 일을 구분하는 후배들을 가장 싫어하는 것으로 나타났습니다. 이어 2위는 역시 개인적인 성향을 드러내는 '저도 지금 바쁜데요.'가 차지했습니다. 한편 후배들이 선배로부터 가장 듣기 싫어하는 말 1위는 '그냥 시키는 대로 해.'가 뽑혀서 후배의 의견을 전혀 듣지 않고 강압적인 태도를 보이는 선배의 말을 가장 싫어하는 것으로 나타났습니다. 2위로는 '그동안 뭐 했어? 빨리 좀 해.'가 뽑혔습니다.

## 10 인생과 가치관

### 10-1 인생에서 가장 중요한 것은 행복한 가정이라고 답했습니다

2. 설문 조사 결과에 대한 뉴스입니다. 잘 들으십시오. (86쪽)
　　　　　　　　　　　　　　　　　track 109
아나운서: 한국 갤럽이 지난 2일 전국 만 19세 이상 남녀 만 오천 명을 대상으로 한국인의 인생관에 대해 설문 조사를 실시한 결과, 응답자의 32%가 인생에서 가장 중요한 것은 '행복한 가정'이라고 답했습니다. 다음으로는 '경제적 성공'이 20%, '좋아하는 일을 하는 것'이 15%, '건강'이 14%로 그 뒤를 이었습니다.
다음으로 자신이 가치 있는 인생을 살고 있다고 생각하느냐에 대한 질문에는 무려 88%의 응답자가 '그렇다'고 답했습니다. 김윤남 경희대 철학과 교수는 이번 조사 결과로 한국 국민들이 경제적인 성공보다는 가정의 행복이나 자아실현과 같은 내면적인 것을 더 중요하게 여긴다는 것을 알 수 있다고 분석했습니다.

### 10-2 노후 준비를 위한 강연이 인기를 끌고 있습니다

2. 강연에 대한 인터뷰입니다. 잘 들으십시오. (87쪽)
　　　　　　　　　　　　　　　　　track 110
기자: 최근 노후 준비를 위한 강연이 이십 대의 청년들에게 큰 인기를 끌고 있습니다. 이 때문에 각 대학에서는 노년기의 경제 활동, 문화생활, 건강 등 다양한 주제로 강연을 열고 있는데요. 강연을 들은 한 대학생의 이야기를 들어 보겠습니다. 안녕하세요. 강연은 어떠셨습니까? 소감 좀 말씀해 주시죠.
학생: 네. 저한테는 정말 유익했던 시간이었어요. 음…. 특히 이번 강연을 들으면서 노년기의 인생에 대해 진지하게 생각해 보게 됐는데요. 제가 아직 이십 대이다 보니까 그동안 노후의 삶에 대해서는 깊이 생각해 본 적이 없었거든요. 근데 이번 강연에서 은퇴 후의 경제적인 문제나 노년기의 취미 생활 같은 구체적인 정보를 들을 수 있어서 좋았어요. 그리고 나중에 좀 더 여유로운 삶을 살려면 지금부터 계획을 잘 세워서 열심히 살아야겠다고 생각하게 됐어요.

### 10-3 자기 인생의 버킷 리스트를 가지게 됐으면 좋겠습니다

1. 잘 듣고 빈칸을 채우십시오. (88쪽)　　　track 111
강연자: 최근에는 삶의 방향을 잃은 채 자신이 하고 싶은 일이 무엇인지도 모르고 살아가는 사람들이 많습니다. 이럴 때 자신이 진짜 원하는 것이 무엇인지 알 수 있는 좋은 방법이 있습니다. 바로 자기 자신에게 '만약에 내가 죽음을 앞두고 있다면 꼭 하고 싶은 일이 무엇일까?'라는 질문을 해 보는 것입니다. 그리고 그 질문에 대한 답을 순서대로 적어서 목록을 만들어 보면 자신이 진정으로 원하는 것이 무엇인지 알게 될 것입니다.

2. 잘 듣고 빈칸을 채우십시오. (88쪽)　　　track 112
라디오DJ: 하고 싶은 일은 사람마다 다 다릅니다. 죽음을 바로 눈앞에 둔 사람이라면 사랑하는 사람과 눈을 맞추고 이야기를 나누거나 가족들에게 사랑한다고 고백할 수 있는 짧은 시간이라도 갖는 것이 꿈이 될 수 있습니다. 또 바쁜 일상에 지쳐 삶의 의미를 잃어버린 사람이라면 좋아하는 취미 생활을 하거나 하고 싶었던 공부를 하기 위해 유학을 떠나는 것이 꿈이 되기도 합니다. 이처럼 하고 싶은 일은 각자가 처한 상황에 따라 아주 간단하고 사소한 일일 수도 있고 오랜 시간이 걸리는 큰 꿈일 수도 있습니다.

### 3. 인생관에 대한 강연입니다. 잘 들으십시오. (88쪽)
track 113

사회자: 반갑습니다. 특별 강연 '청춘 시대'의 사회를 맡은 이수진입니다. 이번 시간에 모신 분은 소설 〈걸은 만큼만 내 인생〉의 작가 안준우 씨입니다. 큰 박수로 맞아 주십시오.

강연자: 안녕하십니까? 안준우입니다. 오늘 여러분께 인생을 주제로 강연을 하려고 이 자리에 섰는데요. 사실 제가 여러분께 인생에 대해 말씀드릴 자격이 있는지 모르겠습니다. 뒤돌아 생각해 보면 청년 시절에 저는 많은 방황을 했었습니다. 사실 이십 대 때는 취업 문제나 결혼 문제 등 앞으로 어떻게 살아야 할지도 고민이었지만 제 삶의 방향을 몰랐던 게 가장 큰 문제였던 것 같습니다.

사회자: 정말이세요? 그런데 지금 작가님의 모습을 보면 상상이 잘 되지 않는데요. 청년 시절을 방황하면서 보냈다고 하셨는데 지금 어떻게 이런 유명한 작가가 되셨는지 말씀을 좀 듣고 싶습니다.

강연자: 음…. 저에게도 특별한 계기가 있었는데요. 여러분 혹시 '버킷 리스트'라는 말 들어보셨나요? 버킷 리스트는 죽기 전에 꼭 해 보고 싶은 일들을 쓴 목록을 가리키는 말인데요. 2007년에 개봉한 한 영화에서 이 말이 나온 후 널리 사용되기 시작했습니다. 제가 한창 방황하던 시절에 이 영화를 보고 저도 버킷 리스트를 만들어 보게 되었습니다. 처음에는 무엇을 어떻게 써야 하나 막막했습니다. 그러다가 '내가 만약 이 영화의 주인공이었다면 어땠을까?' 하고 상상을 해 봤습니다. '나는 죽음을 앞둔 순간에 뭘 가장 후회하게 될까?', '내가 죽기 전에 꼭 하고 싶은 일은 뭘까?' 이렇게 저에게 질문을 던지면서 하고 싶은 일의 목록을 구체적으로 써 내려갔습니다. 그런데 그렇게 하다 보니까 제가 가장 하고 싶은 일은 '글을 쓰는 것'이라는 사실을 깨닫게 됐고 이 일이야말로 내가 진정으로 원하는 일이라는 확신을 가지게 됐습니다. 그렇게 저는 우연한 기회에 인생에서 이루고 싶은 것들을 구체적으로 정리해 보았고 그 일을 계기로 삶의 뚜렷한 목표가 생겼습니다. 버킷 리스트 덕분에 막연히 꿈으로만 생각하고 있던 것들을 구체적인 계획으로 바꿀 수 있었던 것이지요.

사회자: 아, 그러셨군요. 그럼 지금 자신의 인생에 대해 고민하고 있는 젊은이들에게 하실 말씀이 있으시다면요?

강연자: 네. 누구나 살면서 꿈을 꾸지만 그 꿈을 이루는 것은 쉬운 일이 아닙니다. 하지만 자신이 하고 싶은 일에 대해 자세하게 써 보면 막연했던 꿈을 구체화시킬 수 있고 그 꿈을 이룰 수 있는 가능성도 커집니다. 여러분도 앞으로의 삶에 대한 구체적인 계획을 세워 보십시오. 한 가지 바람이 있다면 이 강연을 통해 여기 계신 청년들 모두가 자기 인생의 버킷 리스트를 하나씩 가지게 됐으면 좋겠습니다.

### 5. 듣고 따라 하십시오. (89쪽)
track 116

1) 앞으로 어떻게 살아야 할지도 고민이었지만 제 삶의 방향을 몰랐던 게 가장 큰 문제였던 것 같습니다.
2) 버킷 리스트 덕분에 막연히 꿈으로만 생각하고 있던 것들을 구체적인 계획으로 바꿀 수 있었던 것이지요.
3) 이 강연을 통해 여기 계신 청년들 모두가 자기 인생의 버킷 리스트를 하나씩 가지게 됐으면 좋겠습니다.

## 활동

### 1. 다음은 버킷 리스트 작성법에 대한 대화입니다. 잘 듣고 다음 표를 완성하십시오. (91쪽)
track 120

후배: 선배님, 지난번에 무슨 특강 들으시고 나서 저한테도 버킷 리스트를 꼭 한번 만들어 보라고 추천해 주셨잖아요. 그래서 저도 선배님 말대로 한번 해 보려고 했는데 막상 쓰려고 하니까 도대체 뭐부터 어떻게 써야 할지 모르겠더라고요.

선배: 아, 그래? 맞아. 나도 처음에는 좀 막막하긴 하더라. 그럼 이렇게 한번 해 봐. 버킷 리스트를 한 번에 다 완성하려고 하면 어려울 테니까 시간 날 때마다 천천히 마음 가는 대로 하나씩 써 두는 거야.

후배: 아…. 하나씩요?

선배: 응. 만약에 그래도 생각이 잘 안 떠오르면 다른 사람이 쓴 내용을 한번 참고해 봐. 아니면 주제를 몇 개 정해 놓고 그 안에 들어갈 만한 작은 내용들을 하나씩 채워 가는 것도 재미있을 거야. 음…. 예를 들면 '죽기 전에 가 보고 싶은 장소', '꼭 먹어 보고 싶은 음식', '꼭 한번 참여해 보고 싶은 축제'. 이런 걸로 내용을 나눠서 쓰면 좀 쉽지 않을까?

후배: 아, 그 방법 좋네요. 주제를 정해 놓고 하고 싶은 일을 하나씩 상상해 보는 것만으로도 신날 것 같아요.

# 어휘 색인

## ㄱ

|  |  |
|---|---|
| 가능 | 79 |
| 가능하다 | 79 |
| 가로등 | 40 |
| 가리키다 | 46 |
| 가정 | 86 |
| 가죽 | 48 |
| 가치 | 86 |
| 각 | 79 |
| 각오 | 71 |
| 각자 | 88 |
| 간략하게 | 66 |
| 간호하다 | 25 |
| 간혹 | 43 |
| 갇히다 | 82 |
| 갈등 | 31 |
| 갈색 | 48 |
| 감독 | 19 |
| 감동적 | 16 |
| 강릉 | 34 |
| 강압적 | 83 |
| 강연 | 87 |
| 강점 | 71 |
| 강조하다 | 48 |
| 갖추다 | 46 |
| 개굴개굴 | 24 |
| 개굴개굴하다 | 24 |
| 개발 | 35 |
| 개발되다 | 35 |
| 개봉하다 | 15 |
| 개성 | 48 |
| 개수 | 51 |
| 개인적 | 83 |
| 거꾸로 | 24 |
| 거두다 | 24 |
| 거미 | 23 |
| 걱정되다 | 15 |
| 건성 | 32 |
| 걸다 | 64 |
| 걸리다 | 24 |
| 검진 | 62 |
| 겁나다 | 74 |
| 결국 | 63 |
| 결단력 | 90 |
| 경로석 | 34 |
| 경사 | 67 |
| 경쟁 | 46 |
| 경제력 | 46 |
| 경제적 | 86 |
| 계기 | 88 |
| 고개 | 27 |
| 고려하다 | 48 |
| 고민 | 88 |
| 곡 | 14 |
| 골프 | 72 |
| 곱다 | 56 |
| 공간 | 67 |
| 공감하다 | 30 |
| 공개 | 14 |
| 공개되다 | 16 |
| 공격 | 71 |
| 공공 | 79 |
| 공놀이 | 22 |
| 공사 | 39 |
| 공포 | 19 |
| 과학적 | 23 |
| 관광 | 62 |
| 관광객 | 66 |
| 관람하다 | 16 |
| 관련되다 | 80 |
| 관련하다 | 63 |
| 관중 | 75 |
| 관중석 | 75 |
| 관할 | 38 |
| 교수 | 86 |
| 교체하다 | 74 |
| 교훈 | 25 |
| 구구절절 | 32 |
| 구멍 | 39 |
| 구별 | 75 |
| 구분하다 | 83 |
| 구직자 | 79 |
| 구체적 | 78 |
| 구체화 | 88 |
| 군인 | 47 |
| 굳이 | 78 |
| 굽 | 39 |
| 궁 | 67 |
| 궁금하다 | 14 |
| 그대로 | 64 |
| 그룹 | 14 |
| 그림자 | 63 |
| 그만 | 22 |
| 그만두다 | 54 |
| 극단 | 42 |
| 극복하다 | 70 |
| 근거 | 23 |
| 근무 | 79 |
| 근심 | 24 |
| 금기 | 63 |
| 금리 | 34 |
| 금세 | 24 |
| 긍정적 | 78 |
| 기관 | 79 |
| 기능 | 47 |
| 기대하다 | 14 |
| 기러기 | 67 |
| 기록 | 72 |
| 기록되다 | 64 |
| 기록하다 | 16 |
| 기본적 | 48 |
| 기술자 | 56 |
| 기억 | 19 |
| 기업 | 80 |
| 기원하다 | 64 |
| 기존 | 80 |
| 기증 | 91 |
| 깊다 | 24 |
| 깊이 | 87 |
| 깨닫다 | 88 |
| 꺼내다 | 64 |
| 꺼지다 | 39 |
| 꼭대기 | 66 |
| 꼽다 | 80 |
| 꽃향기 | 58 |
| 꾸준히 | 16 |
| 꿀꺽 | 27 |
| 꿈꾸다 | 88 |
| 끈질기다 | 54 |
| 끌다 | 15 |

## ㄴ

| | |
|---|---|
| 나누다 | 24 |
| 나다 | 16 |
| 나들이 | 16 |
| 나무꾼 | 22 |
| 나타나다 | 27 |
| 낙천적 | 78 |
| 난로 | 66 |
| 날리다 | 54 |
| 남 | 83 |
| 남기다 | 24 |
| 남녀 | 86 |
| 남다 | 63 |
| 남색 | 48 |
| 남편 | 63 |
| 낮추다 | 43 |
| 내리다 | 15 |
| 내면적 | 86 |
| 냇가 | 24 |
| 냇물 | 26 |
| 널리 | 88 |
| 넘다 | 27 |
| 노년기 | 87 |
| 노랫소리 | 26 |
| 노출되다 | 38 |
| 노후 | 87 |
| 놓치다 | 63 |
| 누구나 | 88 |
| 누리다 | 55 |
| 눈물 | 63 |
| 눈앞 | 88 |
| 뉘우치다 | 24 |
| 늙다 | 87 |
| 능력 | 34 |
| 능률 | 80 |

## ㄷ

| | |
|---|---|
| 다람쥐 | 22 |
| 다스리다 | 64 |
| 다양하다 | 46 |
| 다운로드 | 14 |
| 다투다 | 35 |
| 다혈질 | 15 |
| 닮다 | 90 |
| 담그다 | 26 |
| 담기다 | 14 |
| 담당자 | 78 |
| 답답하다 | 80 |
| 답하다 | 86 |
| 당황하다 | 80 |
| 닿다 | 55 |
| 대기하다 | 67 |
| 대다수 | 80 |
| 대단원 | 15 |
| 대본 | 15 |
| 대상 | 80 |
| 대작 | 16 |
| 대책 | 39 |
| 대처하다 | 30 |
| 대표적 | 23 |
| 대피하다 | 40 |
| 대학로 | 42 |
| 던지다 | 88 |
| 덧붙이다 | 82 |
| 덮이다 | 47 |
| 데뷔 | 14 |
| 데뷔하다 | 14 |
| 도끼 | 22 |
| 도대체 | 91 |
| 도전 | 87 |
| 도전하다 | 54 |
| 독특하다 | 47 |
| 돌아가다 | 24 |
| 돌아다니다 | 55 |
| 동기 | 78 |
| 동료 | 80 |
| 동전 | 64 |
| 되돌아오다 | 19 |
| 뒤돌다 | 88 |
| 뒤지다 | 82 |
| 뒤집히다 | 41 |
| 드디어 | 63 |
| 드러나다 | 78 |
| 드러내다 | 48 |
| 들다 | 48 |
| 들리다 | 27 |
| 들어주다 | 16 |
| 들이받다 | 40 |
| 등급 | 19 |
| 등록 | 34 |
| 등불 | 90 |
| 등장인물 | 22 |
| 등장하다 | 51 |
| 디자인 | 47 |
| 따르다 | 48 |
| 땅 | 64 |
| 땅꺼짐 | 39 |
| 떠나다 | 19 |
| 떠내려가다 | 24 |
| 떠오르다 | 91 |
| 떨어지다 | 64 |
| 떼다 | 63 |
| 뚜렷하다 | 88 |
| 뛰어나다 | 80 |

## ㄹ

| | |
|---|---|
| 레이저 | 51 |
| 로션 | 51 |
| 리스트 | 88 |

## ㅁ

| | |
|---|---|
| 마련 | 43 |
| 마련되다 | 39 |
| 마사지 | 51 |
| 마음씨 | 22 |
| 마케팅 | 46 |
| 막 | 15 |
| 막내아들 | 24 |
| 막다 | 43 |
| 막막하다 | 22 |
| 막상 | 91 |
| 막연히 | 88 |
| 막히다 | 19 |
| 만 | 86 |
| 만족도 | 62 |
| 맏이 | 82 |
| 말다툼 | 31 |
| 말썽꾸러기 | 24 |
| 맛보다 | 50 |
| 망치다 | 80 |
| 망하다 | 22 |
| 맞다 | 67 |
| 맞대결 | 72 |
| 맞벌이 | 42 |
| 맞이하다 | 64 |

| | | | | | |
|---|---|---|---|---|---|
| 맞장구 | 32 | **ㅂ** | | 부착되다 | 47 |
| 맞추다 | 88 | 바구니 | 27 | 분석하다 | 86 |
| 맡다 | 16 | 바람 | 88 | 분위기 | 51 |
| 매력 | 55 | 바르다 | 80 | 불과하다 | 31 |
| 매출 | 51 | 박람회 | 79 | 불국사 | 63 |
| 맨홀 | 39 | 박수 | 88 | 불법 | 62 |
| 머리끝 | 26 | 반대 | 56 | 불안감 | 40 |
| 머물다 | 30 | 반대하다 | 56 | 불어나다 | 24 |
| 멈추다 | 43 | 반드시 | 80 | 불쾌하다 | 31 |
| 멋스럽다 | 47 | 반영하다 | 46 | 비결 | 71 |
| 멋다 | 27 | 반응 | 16 | 비밀 | 64 |
| 메달 | 56 | 발길 | 55 | 비슷하다 | 64 |
| 메이크업 | 51 | 발전 | 78 | 비옷 | 47 |
| 멜로 | 16 | 발표 | 14 | 비용 | 48 |
| 면접관 | 80 | 밤바다 | 91 | 비우다 | 38 |
| 명단 | 72 | 방문하다 | 38 | 비치다 | 63 |
| 명령 | 64 | 방송 | 14 | 빈집 | 38 |
| 모 | 40 | 방수 | 47 | 빗길 | 40 |
| 모시다 | 24 | 방수성 | 47 | 빗물 | 26 |
| 목격자 | 40 | 방식 | 79 | 빠뜨리다 | 22 |
| 목록 | 88 | 방앗간 | 24 | 빠져나가다 | 40 |
| 목표 | 88 | 방황 | 87 | 빠지다 | 55 |
| 목표물 | 30 | 배경 | 63 | 뽑다 | 80 |
| 몰다 | 40 | 배낭여행 | 91 | | |
| 몰려오다 | 24 | 백제 | 63 | **ㅅ** | |
| 몸매 | 48 | 뱃놀이 | 26 | 사관 | 64 |
| 몸짓 | 31 | 번역 | 35 | 사극 | 16 |
| 무난하다 | 48 | 벌이다 | 46 | 사냥 | 30 |
| 무대 | 14 | 법률 | 74 | 사라지다 | 48 |
| 무려 | 86 | 벗어나다 | 43 | 사례 | 62 |
| 무리하다 | 39 | 베다 | 22 | 사소하다 | 31 |
| 무조건 | 32 | 벨트 | 47 | 사연 | 32 |
| 문단속 | 38 | 병 | 24 | 사원 | 80 |
| 문화재 | 56 | 보온성 | 47 | 사이좋게 | 24 |
| 묻다 | 25 | 보완하다 | 48 | 사이트 | 14 |
| 묻히다 | 82 | 보장되다 | 79 | 사적 | 64 |
| 물건 | 64 | 복 | 64 | 사회 | 88 |
| 물질 | 47 | 복원되다 | 67 | 산사태 | 43 |
| 미끄러지다 | 22 | 본론 | 66 | 산소 | 23 |
| 미닫이 | 82 | 부끄럽다 | 64 | 산신령 | 22 |
| 미용 | 51 | 부르다 | 24 | 살길 | 22 |
| 미치다 | 51 | 부상 | 56 | 살날 | 24 |
| 민감하다 | 30 | 부상병 | 47 | 살펴보다 | 64 |
| | | 부자연스럽게 | 48 | 삶 | 87 |
| | | 부정적 | 62 | 삼국 | 63 |
| | | 부주의 | 41 | | |

| | | | | | |
|---|---|---|---|---|---|
| 삼키다 | 27 | 손목 | 47 | 실용적 | 47 |
| 상관관계 | 80 | 솔직히 | 56 | 심각하다 | 72 |
| 상담사 | 78 | 쇼 | 14 | 심다 | 91 |
| 상대역 | 15 | 수다 | 32 | 심리 | 32 |
| 상사 | 80 | 수명 | 42 | 심장 | 27 |
| 상상 | 88 | 수비 | 71 | 싱싱하다 | 50 |
| 상세하다 | 78 | 수수료 | 62 | 쌓이다 | 38 |
| 상영 | 19 | 순간 | 24 | 썩이다 | 24 |
| 상징하다 | 64 | 순서 | 88 | 쏟아지다 | 79 |
| 샅샅이 | 82 | 순위 | 14 | 쓸모없다 | 24 |
| 생기다 | 15 | 순찰 | 38 | 쓸쓸하다 | 26 |
| 생애 | 19 | 숨 | 24 | | |
| 샴푸 | 51 | 숨기다 | 35 | **ㅇ** | |
| 서두르다 | 16 | 스님 | 63 | | |
| 서비스 | 62 | 스릴러 | 16 | 아깝다 | 48 |
| 서약하다 | 91 | 스킨케어 | 51 | 아랫마을 | 22 |
| 서운하다 | 32 | 스타일 | 48 | 아무래도 | 80 |
| 석공 | 63 | 스타일리스트 | 48 | 아이디어 | 54 |
| 석탑 | 63 | 습도 | 23 | 아이템 | 48 |
| 선도하다 | 48 | 승강기 | 82 | 악당 | 19 |
| 선발 | 72 | 승리 | 71 | 안타깝다 | 63 |
| 선배 | 83 | 승용차 | 40 | 앞니 | 74 |
| 선출되다 | 34 | 시급하다 | 62 | 앞두다 | 16 |
| 선호하다 | 50 | 시대 | 46 | 앞서다 | 40 |
| 설거지 | 16 | 시도하다 | 54 | 앞장서다 | 75 |
| 설문 | 80 | 시민 | 40 | 애니메이션 | 19 |
| 설치되다 | 66 | 시사회 | 16 | 액션 | 19 |
| 설화 | 63 | 시선 | 48 | 앨범 | 14 |
| 성공하다 | 16 | 시술 | 51 | 앱 | 35 |
| 성실성 | 80 | 시야 | 30 | 야근 | 32 |
| 성인 | 51 | 시원함 | 27 | 약점 | 71 |
| 성향 | 83 | 시청자 | 14 | 어색하다 | 75 |
| 세다 | 48 | 시커멓다 | 24 | 어울리다 | 15 |
| 세련되다 | 30 | 시키다 | 16 | 어플리케이션 | 35 |
| 세상 | 24 | 시행착오 | 54 | 어학연수 | 78 |
| 세종대왕 | 64 | 신곡 | 14 | 어흥 | 27 |
| 소감 | 16 | 신라 | 63 | 엄청나다 | 15 |
| 소나무 | 64 | 신뢰 | 66 | 업무 | 80 |
| 소동 | 40 | 신인 | 14 | 업체 | 51 |
| 소매 | 47 | 신입 | 80 | 에센스 | 51 |
| 소비자 | 51 | 신중하다 | 48 | 여가 | 86 |
| 소원 | 16 | 실력 | 46 | 여기다 | 86 |
| 소재 | 15 | 실수 | 64 | 여부 | 38 |
| 소중하다 | 22 | 실시 | 79 | 여유 | 55 |
| 소화기 | 43 | 실시하다 | 79 | 여유롭다 | 87 |
| 속 | 24 | 실용성 | 47 | 역대 | 19 |

| | | | | | | | |
|---|---|---|---|---|---|---|---|
| 역사 | 64 | 우연하다 | 88 | 인상 | 78 |
| 역전 | 71 | 우울하다 | 27 | 인생관 | 86 |
| 역할 | 15 | 우편물 | 38 | 인성 | 80 |
| 연기 | 15 | 운영 | 72 | 인연 | 70 |
| 연기하다 | 15 | 운전자 | 40 | 인턴 | 78 |
| 연령 | 79 | 웃음 | 19 | 일부 | 27 |
| 연못 | 22 | 원시 | 30 | 일상 | 88 |
| 연속 | 72 | 원하다 | 88 | 일월오봉도 | 64 |
| 연인 | 35 | 위로하다 | 32 | 일주하다 | 91 |
| 연잇다 | 40 | 유니폼 | 75 | 일화 | 64 |
| 연장되다 | 42 | 유래 | 47 | 잃다 | 88 |
| 연출법 | 48 | 유래되다 | 47 | 잃어버리다 | 22 |
| 연출하다 | 48 | 유언 | 24 | 입다 | 40 |
| 연하다 | 48 | 유익하다 | 87 | 입사 | 78 |
| 열정 | 78 | 유행 | 46 | 입사하다 | 80 |
| 염려 | 34 | 율동 | 75 | 입소문 | 16 |
| 영향 | 51 | 은퇴 | 87 | 잇다 | 80 |
| 예매하다 | 16 | 음력 | 34 | 잇따르다 | 40 |
| 예방하다 | 39 | 음반 | 14 | | |
| 예선 | 72 | 음원 | 14 | **ㅈ** | |
| 예의 | 80 | 응답 | 80 | | |
| 오누이 | 26 | 응답자 | 83 | 자격 | 46 |
| 오랫동안 | 14 | 응답하다 | 80 | 자금 | 54 |
| 오리 | 67 | 응원 | 75 | 자서전 | 91 |
| 오지 | 55 | 응원가 | 75 | 자세 | 43 |
| 온몸 | 39 | 응원하다 | 75 | 자세히 | 64 |
| 옮겨지다 | 40 | 의견 | 80 | 자신감 | 15 |
| 완성도 | 15 | 의료 | 62 | 자아실현 | 86 |
| 완성되다 | 63 | 의미 | 64 | 자연재해 | 43 |
| 완성하다 | 48 | 의미하다 | 64 | 자연적 | 39 |
| 완전히 | 80 | 이내 | 23 | 자원봉사 | 91 |
| 왕 | 64 | 이다 | 27 | 자유 | 67 |
| 왕비 | 64 | 이동하다 | 64 | 자유형 | 72 |
| 왕자 | 67 | 이렇듯 | 80 | 자취방 | 75 |
| 외부 | 47 | 이루다 | 88 | 작가 | 88 |
| 외식 | 42 | 이름표 | 82 | 작동 | 42 |
| 외투 | 47 | 이미지 | 48 | 작성법 | 91 |
| 요소 | 47 | 이벤트 | 46 | 잔치 | 67 |
| 요양 | 62 | 이상 | 19 | 잔칫집 | 27 |
| 욕심 | 82 | 이웃 | 24 | 잘되다 | 78 |
| 용건 | 32 | 이중 | 47 | 잘못 | 24 |
| 용기 | 90 | 인기 | 15 | 잡동사니 | 42 |
| 용품 | 75 | 인내심 | 54 | 잡아먹다 | 27 |
| 우선적 | 80 | 인맥 | 54 | 장기 | 91 |
| 우승 | 71 | 인물 | 90 | 장기간 | 38 |
| 우승하다 | 16 | 인사 | 78 | 장르 | 15 |

| | | | | | | |
|---|---|---|---|---|---|---|
| 장수 | 64 | 조언 | 81 | **ㅊ** | | |
| 장식 | 48 | 종영 | 15 | 차리다 | 27 | |
| 장식품 | 64 | 주기적 | 38 | 차오르다 | 24 | |
| 잦다 | 80 | 주민 | 38 | 차지하다 | 83 | |
| 재산 | 24 | 주민등록번호 | 90 | 착하다 | 22 | |
| 재질 | 47 | 주변 | 67 | 참가하다 | 16 | |
| 재채기 | 22 | 주연 | 15 | 참고하다 | 48 | |
| 적다 | 88 | 주요 | 79 | 참여 | 79 | |
| 적성 | 54 | 주장 | 72 | 채광 | 50 | |
| 적응력 | 80 | 주제 | 86 | 채용 | 79 | |
| 적응하다 | 78 | 죽음 | 87 | 채우다 | 91 | |
| 전국 | 86 | 줄 | 23 | 책임감 | 72 | |
| 전기장판 | 40 | 줄거리 | 19 | 책임지다 | 19 | |
| 전등 | 38 | 줄이다 | 62 | 챙기다 | 23 | |
| 전문점 | 51 | 중개인 | 62 | 처리 | 80 | |
| 전반 | 71 | 중계 | 72 | 처하다 | 88 | |
| 전반적 | 86 | 중상 | 40 | 천 | 47 | |
| 전복되다 | 40 | 중시하다 | 51 | 천생연분 | 15 | |
| 전체 | 64 | 중심 | 80 | 철학 | 86 | |
| 전체적 | 80 | 중앙 | 64 | 청개구리 | 24 | |
| 전투 | 47 | 중점적 | 80 | 청년 | 87 | |
| 전하다 | 27 | 증가하다 | 16 | 청년기 | 87 | |
| 전혀 | 83 | 지나치다 | 48 | 청춘 | 88 | |
| 전환 | 71 | 지방 | 42 | 체형 | 48 | |
| 절 | 63 | 지원 | 78 | 추격자 | 15 | |
| 절찬 | 19 | 지원자 | 80 | 추락하다 | 40 | |
| 젊다 | 87 | 지진 | 43 | 추억 | 27 | |
| 젊은이 | 87 | 지출 | 51 | 추진하다 | 90 | |
| 접수되다 | 62 | 지치다 | 88 | 추천하다 | 48 | |
| 정년 | 79 | 지폐 | 64 | 축축하다 | 23 | |
| 정문 | 67 | 지하수 | 40 | 출시하다 | 46 | |
| 정성껏 | 24 | 직무 | 80 | 출신 | 75 | |
| 정신 | 27 | 직장 | 51 | 출연 | 14 | |
| 정신력 | 72 | 진로 | 56 | 출연하다 | 14 | |
| 정전 | 82 | 진심 | 32 | 출입문 | 38 | |
| 정하다 | 91 | 진정 | 88 | 출전 | 72 | |
| 젖다 | 23 | 진정하다 | 32 | 충돌 | 80 | |
| 제공 | 79 | 진지하다 | 87 | 취재하다 | 51 | |
| 제공하다 | 38 | 진출 | 72 | 취직하다 | 16 | |
| 제비 | 23 | 진하다 | 19 | 치다 | 23 | |
| 제삿날 | 26 | 집다 | 27 | 치료 | 47 | |
| 제안하다 | 16 | 집안 | 16 | 치마저고리 | 27 | |
| 제작비 | 16 | 집주인 | 40 | 치열하다 | 72 | |
| 제한 | 79 | 짓다 | 27 | 치우다 | 42 | |
| 조그맣다 | 58 | 짜증나다 | 80 | 침착하다 | 30 | |
| 조선 | 64 | 쫓아가다 | 63 | | | |

## ㅋ

| | |
|---|---|
| 컨디션 | 72 |
| 코끼리 | 64 |
| 코너 | 72 |
| 코스 | 34 |
| 코앞 | 30 |
| 콧날 | 26 |
| 큐레이터 | 47 |
| 크림 | 51 |
| 클럽 | 72 |
| 클릭 | 35 |

## ㅌ

| | |
|---|---|
| 타다 | 48 |
| 타인 | 38 |
| 탑 | 63 |
| 탑승하다 | 67 |
| 태종 | 64 |
| 통계 | 23 |
| 투자하다 | 86 |
| 트럭 | 40 |
| 트렌치코트 | 47 |
| 특강 | 91 |
| 특이하다 | 48 |

## ㅍ

| | |
|---|---|
| 파도 | 64 |
| 팥 | 82 |
| 패배 | 71 |
| 패션 | 46 |
| 편견 | 56 |
| 평균 | 51 |
| 평범하다 | 15 |
| 평점 | 19 |
| 포기하다 | 56 |
| 포함하다 | 51 |
| 폭포 | 64 |
| 퐁당 | 22 |
| 프로 | 75 |
| 프로그램 | 14 |
| 피부 | 23 |
| 피해 | 62 |

## ㅎ

| | |
|---|---|
| 하반기 | 80 |
| 학도 | 90 |
| 학력 | 79 |
| 학점 | 80 |
| 학창 | 78 |
| 한나절 | 42 |
| 한밤중 | 40 |
| 한참 | 22 |
| 한창 | 88 |
| 한편 | 83 |
| 합선 | 40 |
| 항목 | 80 |
| 해 | 27 |
| 해내다 | 30 |
| 해돋이 | 82 |
| 행동 | 24 |
| 행사 | 64 |
| 향수 | 51 |
| 허파 | 23 |
| 헐렁하다 | 48 |
| 헤매다 | 30 |
| 현상 | 40 |
| 현장 | 14 |
| 형사 | 15 |
| 형편 | 16 |
| 호감 | 31 |
| 호기심 | 55 |
| 호평 | 16 |
| 호흡 | 15 |
| 호흡하다 | 23 |
| 혹시 | 88 |
| 혼자 | 63 |
| 홀어머니 | 26 |
| 홍보 | 14 |
| 홍수 | 43 |
| 화려하다 | 67 |
| 화면 | 35 |
| 화재 | 40 |
| 화해하다 | 32 |
| 확률 | 23 |
| 확신 | 88 |
| 확실하다 | 78 |
| 환영 | 63 |
| 활동 | 14 |
| 활동성 | 47 |
| 활동적 | 48 |
| 활약 | 72 |
| 활용하다 | 48 |
| 효 | 24 |
| 효과 | 48 |
| 효도하다 | 24 |
| 후반 | 71 |
| 후배 | 83 |
| 후회하다 | 88 |
| 훌륭하다 | 16 |
| 훨씬 | 80 |
| 휘두르다 | 22 |
| 흔적 | 67 |
| 흘리다 | 63 |
| 흡수하다 | 23 |
| 흥미진진하다 | 16 |
| 희망하다 | 86 |
| 희미하다 | 19 |
| 힘껏 | 22 |

# 표현 색인

### ㄱ

| | |
|---|---|
| 가슴이 벅차다 | 56 |
| 가을을 맞다 | 48 |
| 갈등을 일으키다 | 81 |
| 갈등이 생기다 | 31 |
| 강연을 열다 | 87 |
| 경쟁을 벌이다 | 46 |
| 계획을 세우다 | 87 |
| 관심을 끌다 | 16 |
| 귀를 기울이다 | 32 |
| 꿈을 꾸다 | 88 |
| 꿈을 이루다 | 54 |

### ㄴ

| | |
|---|---|
| 나무를 하다 | 22 |
| 눈물을 흘리다 | 63 |
| 눈물이 나다 | 59 |
| 눈앞에 두다 | 88 |
| 눈을 떼다 | 63 |
| 눈을 맞추다 | 88 |
| 능률이 떨어지다 | 80 |

### ㄷ

| | |
|---|---|
| 대단원의 막을 내리다 | 15 |
| 대책을 세우다 | 39 |
| 대책이 마련되다 | 39 |
| 도움을 주다 | 78 |
| 뒤를 잇다 | 80 |

### ㅁ

| | |
|---|---|
| 맞장구를 치다 | 32 |
| 매력에 빠지다 | 55 |
| 메달을 따다 | 56 |
| 명령을 내리다 | 64 |
| 목표를 정하다 | 30 |

### ㅂ

| | |
|---|---|
| 발길이 닿다 | 55 |
| 방향을 잃다 | 88 |
| 변화가 생기다 | 55 |

| | |
|---|---|
| 변화를 주다 | 80 |
| 병에 걸리다 | 24 |
| 부상을 당하다 | 56 |
| 불안감이 커지다 | 40 |
| 불이 나다 | 40 |
| 비용이 들다 | 48 |

### ㅅ

| | |
|---|---|
| 사고가 발생하다 | 39 |
| 사회를 맡다 | 88 |
| 살길이 막막하다 | 22 |
| 상상이 되다 | 88 |
| 생각이 떠오르다 | 91 |
| 성공을 거두다 | 54 |
| 세상을 떠나다 | 24 |
| 속을 썩이다 | 24 |
| 손님을 맞다 | 67 |
| 손님을 맞이하다 | 64 |
| 손에 땀을 쥐다 | 71 |
| 수다를 떨다 | 32 |
| 수명이 연장되다 | 42 |
| 숨 막히다 | 19 |
| 숨을 거두다 | 24 |

### ㅇ

| | |
|---|---|
| 얼마 남지 않다 | 24 |
| 여유를 누리다 | 55 |
| 영향을 미치다 | 51 |
| 예의가 바르다 | 80 |
| 온몸이 아프다 | 39 |
| 욕심을 버리다 | 58 |
| 원인이 밝혀지다 | 40 |
| 유언을 남기다 | 24 |
| 유행을 따르다 | 48 |
| 유행을 타다 | 48 |
| 이야기를 나누다 | 48 |
| 이해가 가다 | 78 |
| 인기를 끌다 | 15 |
| 인상을 주다 | 78 |
| 입소문이 나다 | 16 |

### ㅈ

| | |
|---|---|
| 잘못을 뉘우치다 | 24 |
| 잠을 이루다 | 42 |
| 정보를 전달하다 | 32 |
| 정신을 차리다 | 27 |
| 정전이 되다 | 82 |
| 죽음을 앞두다 | 88 |
| 중상을 입다 | 40 |
| 질문을 던지다 | 88 |
| 집을 비우다 | 38 |

### ㅊ

| | |
|---|---|
| 최선을 다하다 | 16 |
| 충돌이 생기다 | 80 |
| 치료를 받다 | 40 |

### ㅍ

| | |
|---|---|
| 편견을 깨다 | 56 |
| 피해를 주다 | 81 |

### ㅎ

| | |
|---|---|
| 하나부터 열까지 | 15 |
| 한 치 앞을 내다보다 | 72 |
| 행사를 치르다 | 64 |
| 호흡이 맞다 | 15 |
| 화가 풀리다 | 32 |
| 화를 풀다 | 32 |
| 확신을 가지다 | 88 |
| 흥미를 끌다 | 78 |

**집필**

| | |
|---|---|
| 이정희 | 경희대학교 교육대학원 외국어로서의 한국어교육 전공 교수<br>문학 박사 |
| 김중섭 | 경희대학교 국어국문학과 교수<br>문학 박사 |
| 조현용 | 경희대학교 교육대학원 외국어로서의 한국어교육 전공 교수<br>문학 박사 |
| 오수진 | 경희대학교 국제교육원 한국어교육부 강사<br>경희대학교 국어국문학과 한국어학 박사 수료 |
| 서윤남 | 경희대학교 국제교육원 한국어교육부 객원 교수<br>경희대학교 교육대학원 외국어로서의 한국어교육 석사 |
| 천민지 | 경희대학교 국제교육원 한국어교육부 강사<br>경희대학교 국어국문학과 한국어학 박사 수료 |

**Get It Korean Listening**

초판 1쇄 발행 2019년 6월 1일
2쇄 발행 2025년 2월 28일

| | |
|---|---|
| 지은이 | 이정희, 김중섭, 조현용, 오수진, 서윤남, 천민지 |
| 펴낸이 | 박영호 |
| 기획팀 | 송인성, 김선명 |
| 편집팀 | 박우진, 김영주, 김정아, 최미라, 전혜련, 박미나 |
| 관리팀 | 임선희, 정철호, 김성언, 권주련 |
| 펴낸곳 | (주)도서출판 하우 |
| 주소 | 서울시 중랑구 망우로68길 48 |
| 전화 | (02)922-7090 |
| 팩스 | (02)922-7092 |
| 홈페이지 | http://www.hawoo.co.kr |
| e-mail | hawoo@hawoo.co.kr |
| 등록번호 | 제2016-000017호 |

값 13,000원 (MP3 포함)
ISBN 979-11-90154-01-7 14710
ISBN 979-11-90154-00-0 (set)

**KOMCA 승인필**

* 이 책의 저자와 (주)도서출판 하우는 모든 자료의 출처 및 저작권을 확인하고 정상적인 절차를 밟아 사용하였습니다.
  일부 누락된 부분이 있을 경우에는 이후 확인 과정을 거쳐 반영하겠습니다.

* 이 책은 저작권법에 따라 보호받는 저작물이므로 무단전재와 무단복제를 금지하며,
  이 책 내용의 전부 또는 일부를 이용하려면 반드시 저작권자와 (주)도서출판 하우의 서면 동의를 받아야 합니다.

🎧 MP3 다운로드 www.hawoo.co.kr 접속 후 '자료실'에서 다운로드